KÖNIGS ERLÄUTERUNGEN
Band 315

Textanalyse und Interpretation zu

Georg Büchner

WOYZECK

Rüdiger Bernhardt

Alle erforderlichen Infos für Abitur, Matura, Klausur und Referat
plus Musteraufgaben mit Lösungsansätzen

Zitierte Ausgabe:
Georg Büchner: *Woyzeck*. Studienausgabe. Nach der Edition von Thomas Michael Mayer hrsg. von Burghard Dedner. Stuttgart: Reclam, 1999 (Universal-Bibliothek Nr. 18007). Die jeweils erste Zahl gibt die Seite an, die zweite die Druckzeile.

Über den Autor dieser Erläuterung:
Prof. Dr. sc. phil. Rüdiger Bernhardt lehrte neuere und neueste deutsche sowie skandinavische Literatur an Universitäten des In- und Auslandes. Er veröffentlichte u. a. Studien zur Literaturgeschichte und zur Antike-Rezeption, Monografien zu Henrik Ibsen, Gerhart Hauptmann, August Strindberg und Peter Hille, gab die Werke Ibsens, Peter Hilles, Hermann Conradis und anderer sowie zahlreiche Schulbücher heraus. Von 1994 bis 2008 war er Vorsitzender der Gerhart-Hauptmann-Stiftung Kloster auf Hiddensee. 1999 wurde er in die Leibniz-Sozietät gewählt.

Hinweis:
Die Rechtschreibung wurde der amtlichen Neuregelung angepasst. Zitate von Büchner folgen der zitierten Ausgabe. Zitate von Volker Braun und Heiner Müller müssen auf Grund eines Einspruches in der alten Rechtschreibung übernommen werden.

Das Werk und seine Teile sind urheberrechtlich geschützt. Jede Verwertung in anderen als den gesetzlich zugelassenen Fällen bedarf der vorherigen schriftlichen Einwilligung des Verlages. Hinweis zu § 52 a UrhG: Weder das Werk noch seine Teile dürfen ohne eine solche Einwilligung eingescannt oder gespeichert und in ein Netzwerk eingestellt werden. Dies gilt auch für Intranets von Schulen und sonstigen Bildungseinrichtungen.

2. Auflage 2012
ISBN 978-3-8044-1916-2

© 2002, 2010 by C. Bange Verlag, 96142 Hollfeld
Alle Rechte vorbehalten!
Titelbild: Klaus Kinski und Eva Mattes im Film (1978), © ullstein bild – KPA
Druck und Weiterverarbeitung: Tiskárna Akcent, Vimperk

INHALT

1. DAS WICHTIGSTE AUF EINEN BLICK – SCHNELLÜBERSICHT 6

2. GEORG BÜCHNER: LEBEN UND WERK 11

2.1 Biografie — 11
2.2 Zeitgeschichtlicher Hintergrund — 16
    Völkerschlacht und Wiener Kongress — 17
    Das Junge Deutschland und Georg Büchner — 19
    Beginn der industriellen Revolution — 20
2.3 Angaben und Erläuterungen zu wesentlichen Werken — 22

3. TEXTANALYSE UND -INTERPRETATION 25

3.1 Entstehung und Quellen — 25
3.2 Inhaltsangabe — 33
3.3 Aufbau — 46
    Stationendrama — 46
    Der Bote aus der Fremde — 50
    Symbole und Metaphern — 52
3.4 Personenkonstellation und Charakteristiken — 54
    Macht und Machtlosigkeit – zwei Personengruppen — 55
    Franz Woyzeck — 56
    Marie Zickwolf — 59
    Tambourmajor — 61
    Doktor — 62
    Hauptmann — 63

Andres	64
Die Personenkonstellation unter dem Aspekt der Namen	65
3.5 Sachliche und sprachliche Erläuterungen	67
3.6 Stil und Sprache	78
Alltagssprache und nichtsprachliche Zeichen	78
Metaphorische Vorbereitung	80
Windschiefe Dialoge	81
Spracharten	82
Sprachliche Mittel	82
3.7 Interpretationsansätze	84
Woyzeck als Beispiel eines deformierten Menschen	86
Woyzecks Natur und die Konventionen (Tugend)	86
Woyzecks Entsozialisierung	89
Woyzecks soziale und gesellschaftliche Determination	90
Büchners Auffassung vom „Fatalismus"	91

4. REZEPTIONSGESCHICHTE   94

Rezeption durch den deutschen Naturalismus nach 1875	94
Erster Höhepunkt um 1920 und verschiedene Rezeptionslinien	97
Nach 1960 neue Phase der Rezeption	100
Büchner-Preis und -Forschungsstelle	105
Georg Büchner als Gegenstand der Dichtung (Auswahl)	107

5. MATERIALIEN 108

6. PRÜFUNGSAUFGABEN 113
   MIT MUSTERLÖSUNGEN

LITERATUR 125

STICHWORTVERZEICHNIS 131

1. DAS WICHTIGSTE AUF EINEN BLICK – SCHNELLÜBERSICHT

Damit sich jeder Leser in diesem Band rasch zurechtfindet und das für ihn Interessante gleich entdeckt, folgt eine Übersicht.

Im 2. Kapitel wird **Georg Büchners Leben** beschrieben und auf den **zeitgeschichtlichen Hintergrund** verwiesen:

⇨ S. 11 ff.
- → Georg Büchner lebte von **1813 bis 1837** im Großherzogtum Hessen-Darmstadt, in Straßburg und Zürich.

⇨ S. 17 ff.
- → Die Völkerschlacht bei **Leipzig 1813** änderte die europäischen Machtstrukturen. 1815 wurden durch den Wiener Kongress die Verhältnisse vor der Französischen Revolution von 1789 weitgehend restauriert. Das Junge Deutschland kritisierte diese Entwicklung und wurde deshalb 1835 verboten. Parallel dazu begann die industrielle Revolution, und die Arbeiterklasse samt ihren Organisationen entstand. Das **Großherzogtum Hessen-Darmstadt** war ein Kleinstaat, der zu Büchners Zeit ein rückständiges Agrarland war. Die **sozialen Widersprüche** brachen schroffer als in anderen Regionen auf.
- → Das wird auch in Georg Büchners dramatischem Fragment *Woyzeck* erkennbar: Die Bedeutung des Stücks liegt in den erfassten **sozialen Problemen und** den daraus abgeleiteten **Fragestellungen**. Das Stück wurde erst 40 Jahre nach Büchners Tod bekannt und erst 100 Jahre nach Büchners Geburt uraufgeführt. Seither gehört es zu den berühmtesten Werken der deutschen Literatur.

Im 3. Kapitel wird eine Textanalyse und -interpretation geboten.

Woyzeck – Entstehung und Quellen:

Georg Büchners dramatisches Fragment *Woyzeck* geht auf einen **Kriminalfall** zurück: Der arbeitslose Friseur und Perückenmacher Johann Christian Woyzeck, 41 Jahre, erstach 1821 in Leipzig seine Geliebte, die 46-jährige Johanna Christiane Woost. Die Tat löste gerichtspsychiatrische **Auseinandersetzungen über Schuldfähigkeit und soziale Ursachen** der Verbrechen aus, die auch nach der Hinrichtung Woyzecks 1824 weitergeführt wurden.

⇨ S. 25 ff.

Inhalt:

Das dramatische Fragment *Woyzeck* hat in **verschiedenen Fassungen** unterschiedlich viele Szenen, die keiner systematischen Ordnung unterliegen. Die sogenannte „Quartfassung", die einzelne Merkmale einer Reinschrift aufweist, hat 17 Szenen. Durch Ergänzungen mit Szenen der anderen Fassungen ist die *Studienausgabe* **mit 25 Szenen** entstanden, nach der zitiert wird. Der Soldat Franz Woyzeck lebt am untersten Ende der sozialen Hierarchie; nur seine Geliebte Marie und sein Kind sind ihm Halt. Aber er wird von seinen Vorgesetzten als Versuchsobjekt für medizinische Experimente missbraucht, seine Geliebte wird von einem Tambourmajor verführt, und er wird so gedemütigt, dass er seine Geliebte Marie ermordet.

⇨ S. 33 ff.

Chronologie und Schauplätze:

Woyzeck erscheint als frühes modernes **Stationenstück** oder auch als **offene Dramenform** (Volker Klotz). Es spielt, wie Indizien belegen, in den zwanziger Jahren des 19. Jahrhunderts. Den historischen Johann Christian Woyzeck richtete man nach einem dreijährigen Prozess am 27. August 1824 öffentlich auf dem Leipziger

⇨ S. 46 ff.

Marktplatz hin. Der Schauplatz des Stückes ist eine mittlere Stadt, die Gießen, in einigen Zügen Darmstadt ähnelt.

⇨ S. 54 ff.

Personen:

Die Hauptpersonen sind

Franz Woyzeck:
- → ca. 40 Jahre,
- → wird ausgenutzt, betrogen und hintergangen,
- → der erste Plebejer mit proletarischen Zügen, der die deutsche Bühne betritt,

Marie Zickwolf:
- → erotisch-sinnlich,
- → triebbestimmt,
- → Liebe wird käuflich,
- → schuldbewusst,

Tambourmajor:
- → äußerlich,
- → oberflächlich,
- → kein soziales Gefühl,
- → triebhaft bestimmt,

Hauptmann:
- → beruft sich auf seinen Stand und die Dienststellung,
- → dümmlich,
- → selbstgerecht,

Doktor:
- → pseudowissenschaftlich interessiert,
- → menschenverachtend,
- → fast eine Karikatur,

Andres:
- → Soldat,
- → Partner und rationales Gegenbild von Woyzeck,
- → lebt nach dem Befehl.

Die Hauptfiguren werden ausführlich vorgestellt, auf weitere Figuren wird verwiesen.

Stil und Sprache Georg Büchners:

⇨ S. 78 ff.

- → Büchner ist radikaler **kritischer Realist**, der oft schon Naturalistisches – das bedeutet möglichst genaue und vollständige Wirklichkeitsbeschreibung, scheinbar „zufällige" Wirklichkeitsausschnitte – vorwegnimmt.
- → **Alltagssprache und Fachsprache** (Arzt), aber auch Montagen romantischer Elemente (Lieder, Märchen)
- → Besonderheit des **windschiefen Dialogs** zwischen den Gestalten
- → Nichtsprachliche Bestandteile im Text sind Ausdruck des geringen sprachlichen Vermögens mehrerer Gestalten.

Verschiedene Interpretationsansätze bieten sich an:

⇨ S. 84 ff.

- → Woyzeck als Beispiel eines deformierten Menschen,
- → Woyzecks Berufung auf seine Natur gegen erstarrte Konventionen,
- → Woyzecks soziale Stellung und seine Entsozialisierung,

→ die Zerstörung der privaten Sphäre Woyzecks durch gesellschaftliche Determinationen,
→ Woyzeck und Büchners Auffassung vom „Fatalismus".

Die Gesellschaftskritik Büchners berührte Probleme des Kapitalismus und richtete sich auf die ungerechten Verteilungsprinzipien der kapitalistischen Gesellschaft, für ihn im Widerspruch von Arm und Reich, Hütten und Palästen (*Hessischer Landbote*) gegenwärtig.

Rezeptionsgeschichte:

⇨ S. 94 ff.

Mit dem beginnenden Naturalismus um 1875, betrieben durch Karl Emil Franzos, begann die Rezeption des Werkes, die 1920 einen ersten Höhepunkt und mit Alban Bergs Oper *Wozzek* 1925 den nächsten Höhepunkt erreichte.

Bertolt Brecht hielt *Woyzeck* für eines der stärksten Werke der deutschen Literatur.

In der 2. Hälfte des 20. Jahrhunderts begann eine neue Phase der Rezeption, die durch weitere Forschungen und die Massenmedien unterstützt wurde.

Der Georg-Büchner-Preis (seit 1923) bekam 1951 eine neue Qualität und gilt als höchste deutsche Auszeichnung für Literatur.

2. GEORG BÜCHNER: LEBEN UND WERK

2.1 Biografie

JAHR	ORT	EREIGNIS	ALTER
1813	Goddelau (Hessen–Darmstadt)	17. Oktober: Karl Georg Büchner wird als Sohn des Arztes Ernst Karl B. und seiner Ehefrau Caroline Luise B. geboren. Georg Büchner stammt aus einer Arztfamilie.	
1816	Darmstadt	Vater wird Bezirksarzt und Großhrzl. Medizinalrat.	3
1819		Erster Unterricht durch die Mutter bis 1820.	6
1821	Darmstadt	Aufnahme in die „Privat-Erziehungs- und Unterrichtsanstalt" (Dr. Karl Weitershausen).	8
1824	Darmstadt	Bruder Ludwig Büchner geboren (gest. 1899) (damals bekanntestes der hochbegabten sieben Geschwister), mit seinem Buch *Kraft und Stoff* (1855) propagierte der praktische Arzt einen mechanischen Materialismus, der im Naturalismus einflussreich war.	11
1825	Darmstadt	Ostern: Aufnahme ins Gymnasium (Großherzogliches Pädagog). Umfangreiche Lektüre, darunter Homer, Shakespeare, Goethe, Schiller, Jean Paul, Tieck, Herder, Heine und Volkspoesie.	11
1828	Darmstadt	Zirkel von Primanern, in dem religiöse, moralische und politische Fragen diskutiert wurden.	15
1829	Darmstadt	Schulrede, dabei Fichtes *Reden an die deutsche Nation* verwendet, die zu seiner Lieblingslektüre gehörten.	16

Georg Büchner
1813–1837
© www.zeno.org,
Zenodot Verlagsgesellschaft mbH

2.1 Biografie

JAHR	ORT	EREIGNIS	ALTER
1830	Darmstadt	Rede zur Schulabschlussfeier über *Verteidigung des Cato von Utika*: Büchner lobt den selbstlosen Einsatz eines republikanischen Römers und zieht ihn dem Herrscher Cäsar vor. Er versteht das sehr aktuell.	17
1831	Darmstadt	März: Öffentliche Abiturrede, Reifezeugnis.	17
	Straßburg	Medizinstudium; Wohnung bei dem entfernt verwandten Pfarrer Jaeglé, in dessen Tochter Louise Wilhelmine (Minna) B. sich verliebt.	18
	Straßburg	17. November: durch seinen Studienfreund Eugen Boeckel Kontakt zur Studentenverbindung „Eugenia" (eigentlich nur für Theologen). Mittelpunkt sind die Brüder Adolph und August Stöber, mit denen sich Büchner befreundet.	18
1832	Straßburg	März: heimliche Verlobung Büchners mit Minna; Büchner spricht mehrfach in „Eugenia" über die unhaltbaren gesellschaftlichen Zustände und die Gegensätze von Arm und Reich.	18
	Paris	Juni: Volksaufstand, die „Eugenia" wird politisiert.	
1833		3. April: Anlässlich des Frankfurter Wachensturms Bekenntnis zum gewaltsamen Umsturz der Verhältnisse, Bekanntschaft mit Saint-Simonisten.	19
	Darmstadt	Juni: Wanderung durch die Vogesen; Ende Juli: Rückkehr ins Großherzogtum, um die gesetzlich vorgeschriebenen zwei Jahre an der Landesuniversität Gießen zu studieren.	

2.1 Biografie

JAHR	ORT	EREIGNIS	ALTER
	Gießen	31. Oktober: Immatrikulation an der Universität Gießen und besonderes Interesse für vergleichende Anatomie.	20
	Darmstadt	Nach schwerer Erkrankung (Hirnhautentzündung) Rückkehr ins Elternhaus.	
1834	Gießen	Januar Lebenskrise: sogenannter *Fatalismusbrief* an Minna; Januar: Fortsetzung des Studiums. Büchner lernt den „roten August" (August Becker) kennen, der ihn an den Pfarrer **Friedrich Ludwig Weidig** vermittelt.	20
	Gießen	Mitte März/April: Gründung der Gesellschaft der Menschenrechte (erste frühkommunistisch revolutionäre Vereinigung in Deutschland). Erarbeitet die Flugschrift *Der Hessische Landbote*, von Weidig entschärft.	
	Straßburg	Ostern: offizielle Verlobung mit Wilhelmine (Minna) Jaeglé.	
	Darmstadt	Mitte April: Gründung einer Sektion der Gesellschaft der Menschenrechte.	
	Ruine Badenburg (bei Gießen)	Juli: Gründungsversammlung des „Pressvereins" auf Betreiben Weidigs: Rahmenprogramm für Flugschriften.	20
	Butzbach u. a.	Der drohenden eigenen Verhaftung entgeht Büchner durch resolutes Auftreten und ein fingiertes Alibi.	
	Darmstadt	Büchner bereitet sich auf das Examen vor, intensive Beschäftigung mit der Französischen Revolution.	
	Darmstadt	Herbst: politische Arbeit in der Gesellschaft, Waffenübungen, Vorbereitung der Befreiung Minnigerodes u. a.	21

2.1 Biografie

JAHR	ORT	EREIGNIS	ALTER
1835	Darmstadt	Konspirative Tätigkeit, gerichtliche Vorladungen, Arbeit an *Dantons Tod*, Manuskript an Karl Gutzkow gesandt (erscheint unvollständig in der Zeitschrift *Phönix*).	
	Straßburg	März: Flucht vor der drohenden Verhaftung über die französische Grenze ins Exil; er meldet sich als Jacques Lutzius bei den Behörden. Freundschaft mit Wilhelm und Caroline Schulz beginnt und dauert bis zu Büchners Tod.	
	Frankfurt	18. Juni: Steckbrief Büchners erscheint; Büchner übersetzt Dramen Victor Hugos.	21
	Straßburg	Beginn mit der Untersuchung über das Nervensystem der Fische für die Promotion.	
1836	Straßburg	Ergebnisse des Promotionsvorhabens werden vor der Société d'histoire naturelle de Strasbourg präsentiert, und die Sociéte ernennt ihn zum Mitglied.	22
	Straßburg	Philosophische Studien zur Vorbereitung auf die Lehrtätigkeit in Zürich; Juni: Arbeit an *Leonce und Lena*; Juli: Beginn der Arbeit am *Woyzeck*. Vorarbeiten zu einem Drama: *Pietro Aretino*. August: Besuch durch die Mutter und Schwester Mathilde.	
	Zürich	3. September: Die Universität Zürich verleiht Büchner die „philosophische Doktorwürde". Arbeit am *Woyzeck*.	
	Zürich	18. Oktober: Übersiedlung nach Zürich. Umgang mit deutschen Exilanten. 5. Nov.: Probevorlesung, Privatdozent.	23

2.1 Biografie

JAHR	ORT	EREIGNIS	ALTER
1837	Zürich	Januar: Büchner kündigt drei Dramen an. Erkrankung an Typhus.	23
	Zürich	19. Februar: Tod in Anwesenheit von Wilhelmine Jaeglé und zwei Tage später Beerdigung unter großer Teilnahme auf dem „Krautgarten"-Friedhof der Gemeinde Großmünster.	
1875	Zürich	Überführung der Gebeine auf den Friedhof am Zürichberg. Auf dem Grabstein stehen die **Verse Georg Herweghs**: „Ein unvollendet Lied sinkt er ins Grab,/Der Verse schönsten nimmt er mit hinab." (1841)	
1913	München	Uraufführung von *Wozzeck* (sic!) im Residenztheater München	
1997	Goddelau	Im Geburtshaus wird ein Museum eröffnet.	

2.2 Zeitgeschichtlicher Hintergrund

ZUSAMMEN-FASSUNG

Übergreifende Vorgänge von 1770 bis 1848:
→ Philosophisch und geistesgeschichtlich: Befreiung des individuellen und gesellschaftlichen Denkens von religiösen Dogmen, beginnend mit der Aufklärung bis zum „Ende der Kunstperiode" (Heine) mit Goethes Tod 1832;
→ Unabhängigkeitskampf in Nordamerika 1775 und Beginn der industriellen Revolution;
→ revolutionäre Bewegungen von der Französische Revolution von 1789 über die französische Julirevolution 1830 bis zur bürgerlichen Revolution von 1848;

Wichtig für 1813 bis 1848:
→ 1813 veränderte die Völkerschlacht bei Leipzig, in der Napoleon I. besiegt wurde, die europäischen Machtverhältnisse.
→ 1815 wurden durch den Wiener Kongress die Verhältnisse vor der Französischen Revolution von 1789 weitgehend restauriert.
→ Das Junge Deutschland kritisierte diese Verhältnisse und wurde deshalb 1835 verboten.
→ Georg Büchner sah sich revolutionärer als das Junge Deutschland, dem er vorwarf, die gesellschaftlichen Verhältnisse zu verkennen. Das Motto seines *Hessischen Landboten* (1834) lautete: „Friede den Hütten! Krieg den Palästen!"

2.2 Zeitgeschichtlicher Hintergrund

> → Büchner war ein Vorläufer des Frühsozialismus, seine politischen Ansichten waren radikaldemokratisch, wichtig war ihm die Fokussierung auf die sozialen Gegensätze.
> → Parallel zu den politischen Entwicklungen begann die industrielle Revolution und die Entwicklung samt Organisation der Arbeiterklasse (Proletariat).

Völkerschlacht und Wiener Kongress

Georg Büchners Geburtstag fällt auf einen Tag der Völkerschlacht bei Leipzig: Am 16. Oktober griffen die verbündeten Armeen Preußens, Österreichs, Russlands und Schwedens **Napoleon I.** bei Leipzig an, nachdem die französische Armee 1812 in Moskau eine vernichtende **Niederlage** erfahren hatte. Die Völkerschlacht bei Leipzig veränderte die Welt. Die napoleonische Herrschaft über Europa war zu Ende, und der Wiener Kongress 1815 restaurierte die überholten Machtverhältnisse der feudalen Duodezherrscher (Fürsten über kleine und zersplitterte Herrschaftsgebiete). Das bedeutete auch die **Zementierung territorialer Zerrissenheit**; einen deutschen Zentralstaat gab es nicht. Andererseits ließen sich die im Kampf gegen die Fremdherrschaft entstandene patriotische Kraft und die damit verbundene Vorstellung von deutscher Nationalität nicht mehr völlig verdrängen. Hinzu kamen die durch Napoleon durchgesetzten bürgerlichen Rechte wie die Einführung des *Code civil* und ein sichtbarer Fortschritt der bürgerlichen Demokratie in den Rheinbundstaaten. Auch hatte sich in der schulischen Bildung eine neuhumanistische und naturwissenschaftliche Thematik durchgesetzt und war an die Seite der klassischen Fächer getreten. Insofern wurde die Julirevolution 1830 für aufgeschlossene Geister wie Georg Büchner die **Fortsetzung des**

Restauration nach 1815

Bürgerliche Rechte (Code civil)

Julirevolution 1830

2.2 Zeitgeschichtlicher Hintergrund

„Bon jour, citoyen!"

Kampfes um bürgerliche Rechte und Freiheiten. Büchner und seine Freunde sollen sich „nur mit den Worten ... ‚Bon jour, citoyen!'" (Guten Tag, Bürger) gegrüßt haben.[1] Von der Julirevolution aus datiert auch ein **loser Zusammenschluss deutscher Schriftsteller**, die der Literatur eine verstärkte politische und gesellschaftliche Wirkung geben wollten. Dadurch gerieten sie, die man als „Junges Deutschland" bezeichnete, bei den aristokratischen Machthabern in den Verdacht, die moralischen Werte zerstören zu wollen. Tatsächlich ging es ihnen darum, die neu entstandenen bürgerlichen Vorstellungen zu verbreiten – dazu gehörten Meinungs- und Pressefreiheit, nationale Einheit und verfassungsmäßig gesicherte Freiheit – und die Reaktion zu verdrängen. Zu diesem Jungen Deutschland zählte man u. a. Heinrich Heine, Ludwig Börne und Christian Dietrich Grabbe.

Die jungdeutsche Literatur: Die berühmtesten Namen waren Heine und Börne. Es wurden aber auch so unterschiedliche Dichter dazu gerechnet wie der erst im zurückliegenden Jahrzehnt wiederentdeckte Ernst Ortlepp (1800–1864), in einem weiteren Umkreis der Westfale F. W. Weber (1813–1894) und Karl Gutzkow (1811–1878). Wenn Ernst Ortlepp, Georg Büchner, dessen Mentor Karl Gutzkow und F. W. Weber hier als unterschiedliche Vertreter im Umfeld des Jungen Deutschland genannt werden, so zeigt das, dass die Konturen dieser Bewegung, die wenig organisiert und kaum programmatisch gefestigt war, unscharf sind.

---

[1] Poschmann, S. 288.

2.2 Zeitgeschichtlicher Hintergrund

Das Junge Deutschland und Georg Büchner

Georg Büchner forderte und führte Kampf, deshalb wurde er verfolgt. Seine Schriften galten als unsittlich und mit dem „Jungen Deutschland", zu dem er nicht gerechnet werden wollte[2], geriet er in Verruf. Seine Ansichten waren radikaler als die des Jungen Deutschlands. Er warf ihm vor, dass mit „Tagesliteratur eine völlige Umgestaltung unserer religiösen und gesellschaftlichen Ideen" angestrebt werde, Folge eines „völligen Misskennens unserer gesellschaftlichen Verhältnisse".[3] Er forderte stattdessen die **Fokussierung auf das unterdrückte Volk und die sozialen Gegensätze.**

Radikaler als das Junge Deutschland

Am 10. Dezember 1835 verbot der Deutsche Bundestag die Schriften des Jungen Deutschlands. Am 1. Dezember 1835 war das erste Heft der *Deutschen Revue* erschienen, die dem Jungen Deutschland publizistische Sicherheit bringen sollte. Die Herausgeber Wienbarg und Gutzkow hatten sich jener Schriftsteller versichert, die für diese Idee standen, auch Georg Büchners und seines Freundes Wilhelm Schulz.[4] Büchners politische Vorstellungen und Ziele wurden im ***Hessischen Landboten* (1834)** deutlich. Er hatte durch August Becker den wichtigsten Oppositionellen von Oberhessen kennen gelernt, den Theologen Dr. Friedrich Ludwig Weidig. Weidig überarbeitete die berühmte Flugschrift, z. B. ersetzte er „reich" durch „vornehm" und entschärfte damit die soziale Stoßrichtung. Die Zusammenarbeit beider war nicht problemlos, wollte doch Büchner den **vierten Stand** über einen revolutionären Umsturz **an die Macht bringen.** Das Motto des

„Friede den Hütten! Krieg den Palästen!"

---

2 „Übrigens gehöre ich für meine Person keineswegs zu dem sogenannten Jungen Deutschland, der literarischen Partei Gutzkows und Heines." *Brief an die Familie* vom 1. Januar 1836. In: Bergemann, S. 430.
3 Ebd., S. 430 f.
4 Vgl. Dietze, S. 79.

2.2 Zeitgeschichtlicher Hintergrund

Hessischen Landboten „Friede den Hütten! Krieg den Palästen!" war ernst gemeint. Für Georg Büchner war eine Revolution erfolgreich, wenn die Massen der Armen gegen die Reichen siegten.

Georg Büchner war mit **widersprüchlichen Denk- und Anschauungsweisen im Elternhaus** aufgewachsen, hatte aber auch gegenseitige Toleranz erlebt. Büchners philosophische und politische Ansichten waren **radikaldemokratisch** und nahmen frühsozialistische Anschauungen vorweg. Damit war er seinen Zeitgenossen mit seinem gesellschaftlichen Konzept voraus. Diese Bewertung Büchners hat sich, gemeinsam mit dem Werk, durchgesetzt. Zwar Zufall, aber doch aufschlussreich ist das **Geburtsjahr** Georg Büchners 1813. Es ist auch das Geburtsjahr Friedrich Hebbels, Otto Ludwigs, Richard Wagners, Giuseppe Verdis und des Dichters des Epos *Dreizehnlinden*, Friedrich Wilhelm Webers. Die Gegensätzlichkeit von Kunstauffassungen in gleicher Zeit – Georg Büchner als Radikaldemokrat und Friedrich Wilhelm Weber als konservativer Denker – wird an dieser summierenden Reihe deutlich.

Vorläufer des Frühsozialismus

Beginn der industriellen Revolution

Parallel zu den politischen Entwicklung zwischen 1813/15 und 1848 setzten sich europaweit von England aus und nach Osten vorankommend industrielle Entwicklungen durch. Sie lösten Veränderungen, Organisationen und Konzentrationen aus:

→ Die **naturwissenschaftlichen Fortschritte** führten zu grundlegenden Veränderungen in der Produktion (beginnende Mechanisierung), zur Ertragssteigerung in der Landwirtschaft (Chemisierung).
→ Es entstand ein völlig **neues Verkehrswesen** (Dampfmaschinen, Dampfschiffverkehr seit 1816, Lokomotiven, Eisenbahn).

2.2 Zeitgeschichtlicher Hintergrund

→ Die für die industrielle Revolution benötigten Arbeitskräfte führten zur Entwicklung des **Proletariats**. Das Proletariat begann sich zu organisieren (1847 aus dem „Bund der Gerechten" hervorgehender „Bund der Kommunisten") und bekam schließlich im *Manifest der Kommunistischen Partei* (1848) von Karl Marx und Friedrich Engels sein politisches Programm.

Entstehung einer Arbeiterklasse

Büchner erlebte während seiner Studien in Straßburg (Wintersemester 1831/32 bis Sommersemester 1833) die Auseinandersetzungen der gegensätzlichen Kräfte in Frankreich unmittelbar: Die fortschrittlichen Studenten stritten über den Weg zu einer Republik. Die unterschiedlichen Vorstellungen galten
→ dem amerikanischen, föderalistischen System,
→ der französischen Verfassung von 1791.
→ Radikale Demokraten, zu denen Büchner gehörte, favorisierten die Jakobinerrepublik von 1793/94.

2.3 Angaben und Erläuterungen zu wesentlichen Werken

2.3 Angaben und Erläuterungen zu wesentlichen Werken

Zu Büchners Lebzeiten bis 1836 sind kaum Texte des Dichters bekannt geworden, wie aus der Tabelle deutlich wird:

1834	*Der Hessische Landbote* (Flugschrift)	veröffentlicht Juli und November
1835	*Dantons Tod* (Drama)	veröffentlicht 26. März – 7. April 1835
1835	*Victor Hugo: Lucretia Borgia / Maria Tudor* (Übersetzungen)	veröffentlicht im 6. Band der Hugo-Ausgabe
1835	*Lenz* (Novelle)	veröffentlicht Januar 1839
1836	*Leonce und Lena* (Drama)	veröffentlicht Mai 1838
1836	*Woyzeck* (Drama)	veröffentlicht 1878, einige Szenen 1875

Hessischer Landbote

Büchners Flugschrift *Hessischer Landbote* griff den Staat als größten Feind des einfachen Menschen mit sachlichen Analysen an. Ziel für Büchner war eine grundsätzliche gesellschaftliche Veränderung, durch die Menschen- und Bürgerrechte der Französischen Revolution in Deutschland verwirklicht werden sollten. Ähnlich

Dantons Tod

kann auch sein Stück *Dantons Tod* verstanden werden: Danton will die Revolution beenden und ein bürgerliches Leben pflegen, Robespierre möchte sie weitertreiben, um alle unterdrückten Menschen zu befreien. Danton stirbt deshalb als vermeintlicher Verräter, ohne dass die Revolution ihr eigentliches Ziel erreicht.

Lenz

In der Novelle *Lenz* wird das Problem der gesellschaftlichen und sozialen Unterdrückung am Einzelschicksal des Sturm-und-Drang-Dichters J. M. R. Lenz (1751–1792) gestaltet, der zeitweise mit Goethe verglichen wurde und ihm ebenbürtig galt. In ihm wur-

2.3 Angaben und Erläuterungen zu wesentlichen Werken

de auch Büchners Ansicht erkennbar, dass Intellektuelle (Künstler) zwar Veränderungen unterstützen, aber nicht tragen können. Die entscheidende Kraft der gesellschaftlichen Bewegung ist immer das Volk.

Leonce und Lena ist ein Lustspiel, aber auch ein Satyrspiel im Verhältnis zu den anderen Texten: Die feudale Welt wird in ihrer Lebensunfähigkeit und Missachtung der Arbeit karikiert. Nicht nur die Lebensführung der handelnden Personen, sondern auch die Form des romantischen Lustspiels wurden mit diesem Stück ad absurdum geführt. In dem Stück demonstrierte Büchner „mit überlegenem Spott (...) die fragwürdige Legitimität des Systems, das er schon im *Hessischen Landboten* attackiert hatte"[5].

Leonce und Lena

Trotz der nur drei Jahre währenden Schaffensperiode Büchners und der geringen Zahl seiner Werke entstand ein **geschlossenes Gesamtwerk mit einer Utopie**, die von den Forderungen der Französischen Revolution nach Freiheit, Gleichheit, Brüderlichkeit getragen ist, die Verteilung der gesellschaftlichen Mittel als materielles Zentrum hat und der Büchner radikal sozial praktizierbare Konturen geben wollte.

Nur dreijährige Schaffenszeit

Georg Büchners Werk, insbesondere *Woyzeck*, wurde erst spät von Schriftstellern und Literaturwissenschaftlern entdeckt und konnte erst dann wirksam werden:

1813	Befreiungskriege, Völkerschlacht bei Leipzig, **Geburt Georg Büchners**
1814/15	Wiener Kongress
1819	Karlsbader Beschlüsse, sog. 1. Demagogenverfolgung
1821	griechischer Freiheitskampf gegen Türken

---

5 Hauschild 1993, S. 536.

2.3 Angaben und Erläuterungen zu wesentlichen Werken

1830	Julirevolution in Frankreich, polnischer Aufstand gegen Russland
1835	Georg Büchner: *Dantons Tod*, zuerst Zeitschriftenveröffentlichung
1836	**Woyzeck entstanden, Fragment. Tod Georg Büchners**
1839	Georg Büchner: *Lenz*. Erzählung, Fragment erschienen
1842	Georg Büchner: *Leonce und Lena* veröffentlicht, auszugsweise schon 1838
1844	schlesischer Weberaufstand
1848	Revolutionen in Europa,
	Deutsche Nationalversammlung in Frankfurt am Main Karl Marx / Friedrich Engels: *Manifest der Kommunistischen Partei*
1878	**Erstveröffentlichung des *Woyzeck* in „Mehr Licht!" durch Karl Emil Franzos**
1913	**Aufführung des *Woyzeck* im Münchner Residenztheater**
1914	Beginn des Ersten Weltkrieges

3. TEXTANALYSE UND -INTERPRETATION

3.1 Entstehung und Quellen

> **ZUSAMMENFASSUNG**
>
> → 1833 f.: Büchner beschäftigt sich mit Problemen der sozialen Determination.
> → 1836 ab Juli: Büchner arbeitet am *Woyzeck*, es entstehen mehrere Handschriften; eine abgeschlossene Fassung fehlt.
> → 1837: Der Tod des Dichters verhindert den Abschluss.
> → Der erste Herausgeber Karl Emil Franzos entzifferte den Namen falsch: Wozzeck.
> → Anregung durch den Kriminalfall des Johann Christian Woyzeck (1780–1824), der 1821 seine Geliebte erstochen hatte. Der Fall, vor allem die Frage der Zurechnungsfähigkeit, wurde in der *Zeitschrift für die Staatsarzneikunde*, die Büchners Vater abonniert hatte, diskutiert. Das Gutachten des Hofrats Dr. Johann Christian August Clarus hat Büchner bis zu wörtlichen Entsprechungen als Material genutzt.
> → Gegenüber dem historischen Fall sind literarische Einflüsse (etwa J. M. R. Lenz' *Die Soldaten*) sekundär.

Sichere Angaben zur Entstehung sind nicht vorhanden. Der ethische Grundgedanke des *Woyzeck* schob sich in Büchners Denken um 1834 in den Vordergrund; er steht in einem Brief an die Eltern:

3.1 Entstehung und Quellen

"Ich verachte niemanden"

"Ich verachte niemanden, am wenigsten wegen seines Verstandes oder seiner Bildung, weil es in niemands Gewalt liegt, kein Dummkopf oder kein Verbrecher zu werden – weil wir durch gleiche Umstände wohl alle gleich würden und weil die Umstände außer uns liegen."[6]

Parallel zu *Leonce und Lena*, das für eine Preisaufgabe entstand, arbeitete Büchner vom Juli bis zum Herbst 1836 am *Woyzeck*. Er berichtete Gutzkow von seinen Arbeiten; dieser bat, ihm alle Texte zu schicken. Büchner dürfte von „Ferkeldramen" gesprochen haben, denn Gutzkow antwortete: „Von Ihren ,Ferkeldramen' erwarte ich mehr als Ferkelhaftes."[7] Damit sind vermutlich *Leonce und Lena* und *Woyzeck* gemeint. Mit „Ferkelhaftem" könnte Büchner das Erotische und Sinnliche im *Woyzeck*, insbesondere in der Beziehung zwischen Marie und dem Tambourmajor sowie das Obszöne in manchen einmontierten Liedern, einmalig in der Literatur um 1836, beschrieben haben. In den *Nachgelassenen Schriften* (1850) verzichtete der Bruder Ludwig Büchner, möglicherweise aus politischen und anderen Bedenken, auf das scheinbar unleserliche Fragment.[8] Die Szenen wurden 1875 von dem österreichischen Schriftsteller Karl Emil Franzos (1848–1904) mit chemischen Mitteln lesbar gemacht, zunächst auszugsweise und 1878 erstmals vollständig veröffentlicht. Das Fragment hatte keinen Titel, und so wurde es, nachdem der Name der Hauptgestalt von Franzos falsch entziffert wurde, bis 1920 *Wozzeck* genannt.[9]

„Ferkeldramen"

Zunächst falsch entzifferter Name: Wozzeck

---

[6] *Brief an die Familie* vom Februar 1834. In: Bergemann, S. 398.
[7] Gutzkow am 10. Juni 1836 an Büchner. In: Bergemann, S. 566.
[8] Schmid: Kommentarband, S. 10.
[9] Der neue Titel erschien in der 1920 veröffentlichten, von Georg Wittkowski neu entzifferten Fassung des *Woyzeck*. Verbreitet wurde sie durch die 1922 erstmals erschienene Ausgabe von Fritz Bergemann. Sie galt als wissenschaftlich genaue, kritisch kommentierte Ausgabe. – Die Lesung *Wozzeck* ging auf die Entzifferung der beiden Büchner-Brüder Alexander und Ludwig 1850 zurück.

3.1 Entstehung und Quellen

Büchner hat sich vorhandener Quellen über das Schicksal des in Leipzig hingerichteten arbeitslosen Perückenmachers und Friseurs, des Mörders Johann Christian Woyzeck bedient. Die **Gutachten des Hofrats Dr. Johann Christian August Clarus** in Leipzig hat Büchner bis zu wörtlichen Entsprechungen als Material genutzt.[10] Büchners Stück ist eine Polemik gegen diese Gutachten, die Woyzeck als normal, nur als Ergebnis seiner eigenen Unzulänglichkeiten, seiner Haltlosigkeit, seiner Unrast und damit voll zurechnungsfähig betrachteten. Büchner machte die sozialen Verhältnisse für Woyzecks Zustand verantwortlich und versetzte ihn dazu in die Situation eines strapazierten Soldaten. Es ist eine Zeit, in der merkwürdige Verbrechen das Interesse der Öffentlichkeit finden: E. T. A. Hoffmann war mit seinen Schauergeschichten erfolgreich, ebenso Paul Anselm von Feuerbach, der 1828 die *Aktenmäßige Darstellung merkwürdiger Verbrechen* veröffentlichte. Es war das gleiche Jahr, in dem das mysteriöse Schicksal Kaspar Hausers, der gleichaltrig mit Georg Büchner war, eine gesamte Generation erregte.[11]

Andere Fälle, wie die der Mörder Schmolling und Dieß, wurden von Büchner zur Kenntnis genommen, verloren aber während der Arbeit am Text zunehmend ihre Bedeutung.[12] Die Namensgebung weist auf die Bedeutung des Falles Woyzeck hin.

Quellen

Zeittypische Faszination für Verbrechen

---

10 Vgl. dazu Mayer 1963, S. 75 ff.; Dedner, S. 114 ff.
11 Kaspar Hauser (1812–1833) wurde abgeschottet von der Außenwelt aufgezogen und, nachdem er 1828 plötzlich in Nürnberg aufgetaucht war, 1833 mit einem Dolch ermordet. Lange galt er als Erbprinz von Baden, der absichtlich vertauscht wurde; erst in unserer Gegenwart konnte mit genetischen Untersuchungen diese Annahme endgültig widerlegt werden. Dennoch ist sein Schicksal bis zum heutigen Tag ein bevorzugtes Thema geblieben: 1976 drehte Werner Herzog den Film *Kaspar Hauser*, der zum Beispiel der frühen Deformation der bürgerlichen Gesellschaft wurde. 1995 zeigte die ARD Peter Sehrs preisgekrönten Film von 1994 *Kaspar Hauser* (mit André Eisermann in der Titelrolle). Der Höhepunkt der Diskussionen um den spektakulärsten Kriminalfall des 19. Jahrhunderts ist auch die Entstehungszeit des Büchner'schen *Woyzeck*.
12 Vgl. dazu auch Große, S. 29.

3.1 Entstehung und Quellen

Johann Christian Woyzeck (1780-1824)

Rechtsstreit um Zurechnungsfähigkeit

Gutachterstreit

Gegensätzliche Betrachtungen der Seele

Am 21. Juni 1821 erstach der 41-jährige arbeits- und obdachlose Johann Christian Woyzeck (1780–1824) in Leipzig seine 46-jährige Geliebte Johanna Christiane Woost, geborene Otto, Witwe des Chirurgen Woost. Er wurde sofort nach der Tat verhaftet. Es begann ein langwieriger Rechtsstreit um die Zurechnungsfähigkeit Woyzecks. Erstmals wurde er 1821 zum Tode durch das Schwert verurteilt, 1822 ein zweites Mal, und die Hinrichtung wurde auf den 13. November 1822 angesetzt. Neue Zeugenaussagen, die auf eine Geisteskrankheit Woyzecks schließen ließen, führten zur Aussetzung der Hinrichtung. Eine weitere Begutachtung befand Woyzeck wiederum für voll verantwortlich; die Einwendungen der Verteidigung wurden wie auch ein Gnadengesuch abgelehnt, und nach einem dreijährigen Prozess richtete man Woyzeck am 27. August 1824 öffentlich auf dem Leipziger Marktplatz hin. In den nächsten beiden Jahren führten die Gutachter ihre Auseinandersetzung weiter und veröffentlichten ihre Untersuchungen und Ergebnisse, so in Henkes *Zeitschrift für die Staatsarzneikunde*, 4. Ergänzungsheft 1825, und 5. Ergänzungsheft, 1826. Büchners Fragment macht deutlich, dass der Dichter um die Vorgänge und Unterlagen wusste. Sein Vater hatte die Zeitschrift abonniert und in seiner Bibliothek stehen, wo sie der Sohn vermutlich kennen gelernt hat. Im gleichen Jahrgang hatte der „Vater ein psychopathologisches Gutachten veröffentlicht, das sich mit dem ‚Gemüthszustand eines Soldaten im Augenblick seines Vergehens im Dienst durch thätliches Vergreifen am Vorgesetzten' beschäftigte"[13].

Der Fall Woyzeck geriet in die Diskussion um zwei gegensätzliche Betrachtungen der menschlichen Seele: Einerseits wurde die Seele als ein Geheimnis betrachtet, das nicht enthüllt werden kön-

---

13 Hauschild 1993, S. 553.

3.1 Entstehung und Quellen

ne, dem man beschreibend folgen müsse[14], das okkult verstanden werden solle und der Ort idealistischer Träume sei, andererseits führte man die Seele materialistisch auf „Stoffwechsel und Blutkreislauf" zurück.[15] Es hatte sich vom ausgehenden 18. Jahrhundert bis in die Dreißigerjahre des 19. Jahrhunderts ein besonderes Interesse an solchen Fällen entwickelt. Bereits Friedrich Schiller hatte mit seiner Erzählung *Der Verbrecher aus verlorener Ehre* (1786) einen Beitrag zu dieser Diskussion geleistet, indem er den Zusammenhang von Körper und Seele unter naturwissenschaftlichem Gesichtspunkt untersuchte.[16]

In einem Brief an den Bruder Wilhelm vom 2. September 1836 berichtet Büchner von seinen philosophischen Vorhaben und schließt den Hinweis an, der auf *Woyzeck* bezogen werden kann: „Dabei bin ich gerade daran, sich einige Menschen auf dem Papier totschlagen oder verheiraten zu lassen, und bitte den lieben Gott um einen einfältigen Buchhändler und ein groß Publikum mit so wenig Geschmack als möglich."[17] Als Büchner am 18. Oktober 1836 nach Zürich reiste, war das Stück weit gediehen, denn sein Freund Wilhelm Schulz wies in seinem Nachruf darauf hin, dass ein beinahe vollendetes Drama im Nachlass sei und demnächst erscheinen werde.[18]

Brief an Bruder

Unübersehbar sind dokumentierte literarische Entsprechungen geworden, die sich im Text angeblich fänden.[19] Kaum eine Zeile des Stückes ist nicht auf eine Vorlage zurückgeführt worden. Tat-

---

14 1830 erschien Justinus Kerners *Die Seherin von Prevost. Eröffnungen über das innere Leben des Menschen und über das Hereinragen einer Geisterwelt in die unsere* (Leipzig: Reclam o. J., nach 1877), eine außergewöhnlich erfolgreiche Schrift, die 1846 bereits ihre 4. Auflage erlebte.
15 Mayer, 1960, S. 327.
16 Vgl. dazu Rüdiger Bernhardt: Friedrich Schiller. Der Verbrecher aus verlorener Ehre. Königs Erläuterungen und Materialien, Bd. 469. Hollfeld: C. Bange Verlag, 2008, S. 22 ff.
17 Brief vom 2. September 1836. In: Bergemann, S. 440 f.
18 Poschmann, S. 235.
19 Vgl. dazu Dedner, S. 225 ff. Hier wird alles auf literarische Vorlagen zurückgeführt. Allein Büchners Alter ist ein Argument, dass er nicht alle literarischen Vorlagen kennen konnte, die man ihm unterstellte, in seinen Text eingebaut zu haben.

3.1 Entstehung und Quellen

Nur geringe literarische Einflüsse

sächlich sind gegenüber den authentischen Quellen und Büchners eigenem Erleben die literarischen Einflüsse von geringer Bedeutung; „es wäre überflüssig, im *Wozzeck* (sic!) besonders nach literarischen Reminiszenzen zu suchen. Sie tragen nicht bei zum tieferen Verständnis der Dichtung und des Dichters."[20]

Deutlich wirksam wurden folgende literarische Einflüsse:

J. M. R. Lenz: Die Soldaten

1. Jakob Michael Reinhold Lenz: *Die Soldaten*. Büchner hat sich mit Lenz beschäftigt und in der Novelle *Lenz* einen Abschnitt des Dichterschicksals psychologisch überzeugend gestaltet. Er fühlte sich dem Dichter des Sturm und Drang wesensverwandt. Büchner benutzte nachweislich die von Ludwig Tieck 1828 herausgegebenen Werke Lenz' und zitierte in Briefen Gedichte Lenz'. An die Familie schrieb er 1835:

> „Ich habe mir hier allerhand interessante Notizen über einen Freund Goethes, einen unglücklichen Poeten namens Lenz, verschafft, der sich gleichzeitig mit Goethe hier aufhielt und halb verrückt wurde. Ich denke, darüber einen Aufsatz in der Deutschen Revue erscheinen zu lassen."[21]

Mit Gutzkow besprach er Lenz' Rolle als Liebhaber Friederike Brions und die eigene Novelle *Lenz*. Die Marie in Büchners *Woyzeck* hat ähnliche Erlebnisse und macht ähnliche Erfahrungen wie Mariane, in Lenz' *Soldaten* die Tochter des „Galanteriehändlers" Wesener, die am Ende zur Hure und im tiefsten Elend von ihrem Vater gefunden wird. Ihr Schicksal wird erklärt mit dem „ehlosen Stand der Herren Soldaten"[22], das Beispiel Woyzecks ist ähnlich.

---

20 Landau, S. 156.
21 *Brief an die Familie* aus Straßburg vom Oktober 1835. In: Bergemann, S. 427.
22 Jakob Michael Reinhold Lenz: *Die Soldaten*. In: Ders.: Werke und Briefe. Hrsg. von Sigrid Damm. Bd. 1, Leipzig: Insel-Verlag, 1987, S. 246.

3.1 Entstehung und Quellen

2. William Shakespeare: Seit dem Sturm und Drang waren den Gebildeten in Deutschland die Dramen Shakespeares bekannt, die von den Romantikern hoch geschätzt wurden. Da auch Lenz ein genauer Kenner Shakespeares war und sich theoretisch mit ihm beschäftigte, trafen sich Büchner und Lenz auch hier, wie die Novelle *Lenz* zeigt. Büchner erklärte Shakespeare als einzigen Dichter der Geschichte und der Natur ebenbürtig, während sonst „alle Dichter (...) wie Schulknaben dastehen"[23]. Bei anderer Gelegenheit ordnete er Goethe dieser summierenden Reihe zu, nicht aber Schiller, den er als Gymnasiast noch verehrt hatte.[24] Den Freunden und Bekannten war Büchners Leidenschaft für Shakespeare bekannt. Zitate aus Shakespeares *Hamlet*, *Othello*, *Viel Lärm um nichts* und *Wie es euch gefällt* wurden von Büchner in die eigenen Werke eingebaut. Vieles davon dürfte unbewusst geschehen sein, es war als Zitat oder Konstellation abrufbar.

William Shakespeare

3. Lieder und Märchen, die eine leitmotivische Funktion haben und zumeist mit Tod und Einsamkeit oder dem Konflikt (Maries Untreue) korrespondieren. Büchner nahm auch das erotisch anzügliche Lied *Das Wirtshaus an der Lahn*[25] auf. Die Volksliedersammlung *Des Knaben Wunderhorn* (1805–08) kannte er gut; ein Schulfreund entsann sich, dass Büchner sie verschlungen habe.[26] Märchen, die ebenfalls zur Sammelleidenschaft der Romantiker gehörten, wurden von Büchner umfunktioniert zum Anti-Märchen: Aus glücklichen Lösungen wurden unglückliche und schaurige Möglichkeiten: Das arme und elternlose Kind (*Die Sterntaler*) hat am Ende kein neues Hemd, das sich mit Talern füllt, sondern „gerrt

Lieder und Märchen

---

23 Brief an Gutzkow vom 21. Februar 1835. In: Bergemann, S. 412.
24 *Brief an die Familie* vom 28. Juli 1835. In: Bergemann, S. 423.
25 Büchner verwandte es aus Freude an Obszönitäten auch in Entwürfen zu *Leonce und Lena*. Bergemann, S. 503.
26 Hauschild 1993, S. 426

3.1 Entstehung und Quellen

(weint laut) und da sitzt es noch und ist ganz allein" (35, 22). Derartige Umwertungen erklären auch die Schaubude: Sie wird zum Gegentheater, zum Belustigungsort des einfachen Volkes, wo dessen niedrigste Bedürfnisse befriedigt werden. Nicht zufällig treffen Marie und der Tambourmajor dort aufeinander, wo nicht Liebe, sondern Sex angeboten wird. Die Lieder und Märchen geben „dem Stück etwas von der düsteren Einfalt der Volksdichtung, die Stimmung einer alten schaurigen Ballade, wie sie auch in dem Kindermärchen der alten Frau lebt, das die Katastrophe noch einmal so bedeutsam vorbereitet."[27]

Jean Paul

4. Jugendfreunde berichteten, dass auch **Jean Paul** von Beginn an zu Büchners Lektüre gehörte.[28] Deutlich ist die Figur des Doktors von Jean Pauls *Titan* beeinflusst. Jean Pauls Dr. Sphex ist ehrgeizig und dümmlich wie der Doktor im *Woyzeck*. Er beutet ebenfalls seine Versuchsperson rücksichtslos aus. Schließlich finden sich im *Woyzeck* auch direkte Entsprechungen zu Jean Pauls *Titan*, wo am Todesfall Beteiligte (Leiche, Pfarrer, Küster) Zitronen in die Hände bekommen (24, 17). Die Entsprechungen gehen jedoch tiefer: Die zwischen Wahn, Skurrilität und Schauder liegende Veranlagung *Woyzecks* ist auch Jean Pauls Figuren eigen.

---

27 Landau, S. 155.
28 Beese, S. 11.

3.2 Inhaltsangabe[29]

> Der Soldat Franz Woyzeck lebt um 1820 in einer hessischen Garnisonstadt am untersten Ende der sozialen Hierarchie; nur seine Geliebte Marie und sein Kind sind ihm Halt. Er bemüht sich unter Einsatz aller Kräfte, diese kleine Familie zu erhalten. Aber er wird von seinen Vorgesetzten als Versuchsobjekt für medizinische Experimente und als lächerliche Gestalt missbraucht, seine Geliebte wird von einem Tambourmajor verführt, und er wird so gedemütigt, dass er seine Geliebte Marie ermordet.

ZUSAMMENFASSUNG

Die Szenenanordnung ist aufgrund der vier Handschriften verschieden. Die Handschriften H 1 und H 2 gelten als Entwürfe, H 2 setzt nahtlos auf einer Seite an H 1 an. Büchner strich, was er in die Handschrift H 4 (vorläufige Reinschrift) übernahm, in den früheren Handschriften. H 3 besteht aus zwei Szenen.

Unterschiedliche Szenenanordnung in den Handschriften

---

[29] Die Inhaltsangabe folgt der Studienausgabe: Georg Büchner: *Woyzeck*, nach der Edition von Thomas Michael Mayer, hrsg. von Burghard Dedner. Stuttgart: Reclam, 1999 (Universal-Bibliothek Nr. 18007). – Bei Reclam liegt ebenfalls vor: Georg Büchner: *Woyzeck. Ein Fragment. Leonce und Lena*. Lustspiel, hrsg. von Otto C. A. zur Nedden. Stuttgart: Reclam, 2001. Diese Ausgabe hat eine andere Abfolge der Szenen.

3.2 Inhaltsangabe

Übersicht über die Szenenfolge der Handschriften (orthografisch vereinheitlicht, leicht vereinfacht):

H 1 (Schwerpunkt/Akzent: Eifersuchts-, Mordhandlung)	H 2 (Schwerpunkt/Akzent: Verführungshandlung)	H 4 und **Studienausgabe** (zit. Ausgabe) (Schwerpunkt/Akzent: sozialkritische Handlung)
1. Buden. Volk	1. Freies Feld. Die Stadt in der Ferne	1. Freies Feld. Die Stadt in der Ferne
2. Das Innere der Bude	2. Die Stadt	2. Marie mit ihrem Kind. Margreth
3. Margreth allein	3. Öffentlicher Platz. Buden. Lichter	3. Buden. Lichter. Volk
4. Kasernenhof	4. Handwerksburschen	4. Marie sitzt, Kind, Spiegel
5. Wirtshaus	5. Unteroffizier. Tambourmajor	5. Der Hauptmann. Woyzeck
6. Freies Feld	6. Woyzeck. Doktor	6. Marie. Tambourmajor
7. Ein Zimmer	7. Straße	7. Marie. Woyzeck
8. Kasernenhof	8. Woyzeck. Louisel	8. Woyzeck. Doktor
9. Der Offizier. Louis	9. Louisel allein. Gebet	9. Hauptmann. Doktor
10. Ein Wirtshaus		10. Die Wachtstube
11. Wirtshaus		11. Wirtshaus
12. Freies Feld		12. Freies Feld
13. Nacht. Mondschein		13. Nacht
14. Margreth mit Mädchen vor der Haustür		14. Wirtshaus

3.2 Inhaltsangabe

H 1 (Schwerpunkt/Akzent: Eifersuchts-, Mordhandlung)	H 2 (Schwerpunkt/Akzent: Verführungshandlung)	H 4 und **Studienausgabe** (zit. Ausgabe) (Schwerpunkt/Akzent: sozialkritische Handlung)
15. Margreth und Louis		15. Woyzeck. Der Jude
16. Es kommen Leute		16. Marie. Der Narr
17. Das Wirtshaus		17. Kaserne
18. Kinder		*(18.) H 1, 14; Marie, Kinder*
19. Louis allein		*(19.) H 1, 15; Marie und Woyzeck*
20. Louis an einem Teich		*(20.) H 1, 16; Es kommen Leute*
21. Gerichtsdiener. Barbier. Arzt. Richter		*(21.) H 1, 17; Das Wirtshaus*
		(22.) H 1, 18; Kinder
		(23.) H 1, 19; Woyzeck allein
H 3 1. *(26.)* Der Hof des Professors		*(24.) H 1, 20; Woyzeck an einem Teich*
2. *(27.)* Der Idiot. Das Kind. Woyzeck		*(25.) H 1, 21; Gerichtsdiener usw.*

3.2 Inhaltsangabe

Zeit: um 1820

Die teils auf authentisches Material zurückgehende, teils erfundene Handlung ist zeitgenössisch; sie **spielt im ersten Drittel des 19. Jahrhunderts**.[30] Ein Beleg dafür ist: Die Ende des 18. Jahrhunderts entwickelte Physiognomik hat zwanzig Jahre später die Jahrmärkte erreicht (14, 13). Der Ort ist eine hessische Garnisonstadt (hessischer Dialekt: Wegfall des Infinitiv-n: glänze statt glänzen, Diminutive wie Kamisolchen u. a.), die neben einer Kaserne auch eine Universität und ein Gericht hat. Gießen ist denkbar. Einzelnes deutet auf Darmstadt hin: Eine bekannte Sage vom Darmstädter Stadtteich, der damals der einzige Badesee war, klingt an (37, 7 und 40, 6–9), und „am rothen Kreuz" (39, 9), das könnte ein aus Sandstein gefertigtes „rotes Kreuz" meinen, ist noch heute ein Ort im Darmstädter Stadtwald.[31] In der Stadt herrschen feudale und militärische Strukturen, kapitalistische Verhältnisse sind noch nicht zu finden. Die Handlung umfasst drei Tage.

Ort: Gießen oder Darmstadt

(Da vor allem die Kurzszenen oft nur Symbole entwickeln, wird die Inhaltsangabe mit Bemerkungen ergänzt, die diese Symbole und Metaphern so weit klären, dass sie interpretatorisch nutzbar werden.)

1. Freies Feld, die Stadt in der Ferne

1. Freies Feld, die Stadt in der Ferne. **Woyzeck und Andres schneiden Stöcke im Gebüsch** *(9, 3 f.):* Die Füsiliere[32] Woyzeck und Andres schneiden Stöcke.[33] Andres vertreibt seine Furcht mit einem Lied, das wie eine Todesahnung klingt. Woyzeck verängstigt ihn mit

---

30 Wenn der Tambourmajor den „Prinzen" (19, 22) nennt, so meint er den Prinzen Georg von Hessen-Darmstadt, dem Woyzecks Regiment (34, 6; 2. Regiment, Regiment Großherzog, Leibgarderegiment) in den dreißiger Jahren unterstand. Vgl. Hauschild 1993, S. 558.
31 Vgl. Dedner, S. 74 und 77.
32 Füsiliere: mit Gewehren bewaffnete Fußsoldaten im Gegensatz zu den Musketieren, Infanteristen. Vgl. auch: füselieren – einen zum Tode verurteilten Soldaten erschießen.
33 Eine gute Analyse des sprachlichen und nichtsprachlichen Materials dieser Szene bietet Werner, 1984, S. 248 ff.

3.2 Inhaltsangabe

einer Spukgeschichte zusätzlich, sieht sich danach aber selbst dieser verfallen. Er glaubt eine himmlische Vision aus Feuer und Posaunen zu sehen und zu hören, die an den Untergang Sodom und Gomorrhas sowie an das Jüngste Gericht erinnert: Der hohle Boden, auf den er stampft, erscheint ihm wie sich öffnende Gräber (Matthäus 24, 31; Offenbarung 20, 1–14). Bestrafung und Sühne sind Merkmale dieser Vision. – Trommeln rufen zum Zapfenstreich.

2. Marie (mit ihrem Kind am Fenster). **Der Zapfenstreich geht vorbei, der Tambourmajor voran** (10, 9 f.): Marie sitzt mit ihrem und Woyzecks Kind am Fenster. Sie beobachtet Zapfenstreich und Tambourmajor, den sie wohl erstmals sieht. Wahrscheinlich ist er mit dem Musikzug wegen der Messe in die Stadt versetzt worden. Er grüßt sie. Die Nachbarin ist über Maries freundliche Entgegnung erstaunt, „so was is man an ihr nit gewöhnt" (10, 17). Marie streitet mit der Nachbarin, die ihr leichtfertigen Lebenswandel vorwirft. Allein singt sie Verse, die wie ein Schlaflied erscheinen, tatsächlich aber ein Bekenntnis zu lockerem Leben sind. Woyzeck hetzt auf einen Sprung vorbei und erzählt von dem ihn verfolgenden „Es", nach der H 2 lädt er sie abends auf die Messe ein. Marie fürchtet, Woyzeck könnte wahnsinnig werden.

3. Buden. Lichter. Volk. **Woyzeck, Marie, der Tambourmajor und andere besuchen einen Jahrmarkt**: Auf der Messe singt ein Leierkastenmann vom Sterben als einen alle Menschen betreffenden fatalistischen Vorgang. In einer Schaubude wird ein Affe als Soldat vorgeführt, der Soldat sei die „unterst Stuf von menschliche Geschlecht" (13, 5), die Grenze zwischen dem Tier und dem Menschen sei im Soldaten fließend. Damit wird an Woyzecks Stellung erinnert. Marie und Woyzeck besuchen die Vorführung. Der Tambourmajor und ein Unteroffizier folgen ihnen. – In der Bude zeigt das „astronomische Pferd" seine „viehische Vernunft", aber auch seine „unverdorbene (unideale) Natur": Das Pferd pisst, es ist ein

2. Marie (mit ihrem Kind am Fenster)

3. Buden, Lichter. Volk

3.2 Inhaltsangabe

„verwandelter Mensch" (14, 25). Die Umkehrung folgt Szenen später (in H 3), als der Doktor bei den Vorführungen vor den Studenten Woyzeck als „Bestie" und seine Ohren als „Übergänge zum Esel" (81, 20) bezeichnet (81, 18). Animalische und menschliche Existenz berühren sich in Woyzeck (Er hat „gepisst wie ein Hund", 21, 9). Marie und der Verführer nähern sich einander.

4. Marie sitzt (in ihrer Kammer), **ihr Kind auf dem Schoß, ein Stückchen Spiegel in der Hand** (15, 3 f.): Marie erinnert sich an den Tambourmajor, der dem Unteroffizier „befohlen" hat zu gehen (H 1). Sie bestaunt Ohrringe, die er ihr geschenkt hat. Woyzeck ist über den Schmuck verwundert, forscht aber nicht nach, als sie vorgibt, ihn gefunden zu haben. Er gibt ihr und dem Kind, um das er sich besorgt bemüht, sein schwer verdientes Geld. Marie fühlt sich als schlechter Mensch, weil sie von dem einen das Geld nimmt, von dem anderen den Schmuck. Mit ihrer Selbstkritik „Ich könnt mich erstechen" wird die Motivkette des Todes fortgesetzt und das Ende angedeutet.

5. Der Hauptmann. Woyzeck. **Woyzeck rasiert den Hauptmann:** Während der Hauptmann dümmlich über die Zeit philosophiert, wird er von Woyzeck rasiert, der einsilbig im Befehlsstil („Ja wohl") reagiert. Auf den Vorwurf, er habe ein uneheliches Kind gezeugt, antwortet Woyzeck „Der Herr sprach: Lasset die Kindlein zu mir kommen." (18, 6 f.) Er meistert zusätzlich die Situation, indem er dem Hauptmann den Zusammenhang zwischen Wohlstand und Tugend, aber auch Armut, Natur und Tugendlosigkeit erklärt. Tugend sei eine Sache des Geldes, die Liebe dagegen sei Natur und von „Fleisch und Blut" (18, 15). Tugend und Natur seien ebenso Gegensätze wie Sex und Liebe. Der Hauptmann bricht das Gespräch, das ihn „ganz angegriffen" hat, ab. Woyzeck beruft sich auf die Natur, die er allen Regeln, Ordnungen und Absprachen entgegenstellt.

3.2 Inhaltsangabe

6. Marie. Tambourmajor.: **Beide begehren einander**: Vermutlich vor Maries Kammer – „Straße oder Gasse" (19, 13) – zeigen die beiden ihren Stolz aufeinander, auf den „Kerl" und das „Weibsbild", und begehren einander sinnlich. Marie reizt den Tambourmajor durch Widerstand, dann gehen die beiden allem Anschein nach ins Bett, wobei Marie sich ihrem Schicksal ergibt.

6. Marie. Tambourmajor

7. Marie. Woyzeck: **Woyzeck ahnt Maries Untreue**. Er hat aber keinen Beweis. Dadurch fühlt sich Marie wieder sicher, streitet alles ab und wird „keck" (21, 2). Als Woyzeck ihr droht (H 2), warnt ihn Marie (Das Todesmotiv wird eingesetzt: „Ich hätt lieber ein Messer in den Leib, als deine Hand auf meiner." 78, 19 f.). Woyzeck bleibt bei seinen Zweifeln an Maries Unschuld.

7. Marie. Woyzeck

Klaus Kinski mit Eva Mattes im Film *Woyzeck* von 1978 © ullstein bild – KPA

3.2 Inhaltsangabe

8. Woyzeck. Der Doktor

8. Woyzeck. Der Doktor. **Woyzeck unterhält sich mit dem Doktor über Natur und Freiheit:** Woyzeck ist für den stumpfsinnigsimplen Doktor ein Versuchskaninchen. Mit ihm wird sinnlos experimentiert: Er lebt seit längerer Zeit nur von Erbsen und muss seinen Urin beim Doktor abliefern, um die Harnfunktion zu beobachten. Woyzeck, dem der Doktor Bruch der Absprachen vorwirft, weil er „auf die Straß gepisst" (21, 9) habe, beruft sich auf seine „Natur", der der Doktor die Wissenschaft und die Selbstbestimmung entgegensetzt. Woyzeck erzählt von der „doppelten Natur" (22, 21); für ihn ist das der Zustand, wenn der Naturvorgang in die Vision umschlägt. In der Natur findet er auch Geheimnisse des Lebens und Sterbens, wie sie sich zum Beispiel in Pilzen (Schwämmen) und deren „Figuren", im Pilzgeflecht (Myzel) (22, 28), kundgeben. Pilze wie der Hallimasch, mit seiner Eigenschaft, dass im Dunkeln sein Myzel in dem von ihm befallenen Holz leuchtet, gelten als Vorboten von Schicksalsschlägen. Diese Pilze waren Woyzeck schon auf der Richtstätte (63, 19) aufgefallen. Der Doktor sieht in Woyzeck durch diese Visionen und Deutungen einen besonders ergiebigen Fall geistiger Verwirrung, erhöht die Zulage und beginnt seine Studien.

9. Hauptmann. Doktor

9. Hauptmann. Doktor. **Woyzeck erfährt von Maries Untreue:** Die beiden ranghöchsten Figuren des Stückes (vgl. links eine Randzeichnung aus Büchners Manuskript zu Szene 9; © wikipedia) treffen sich auf der Straße und begrüßen sich vertraut ironisch; sie kennen sich also schon länger. Während es der Doktor eilig hat, hält ihn der Hauptmann auf und erzählt von melancholischen Anfällen. Der Doktor sagt einen Schlaganfall voraus. Als sie sich verabschieden wollen, hetzt Woyzeck an ihnen vorbei. Der Hauptmann redet ihn an: „Er läuft ja wie ein offnes Rasirmesser durch die Welt, man schneidet sich an ihm" (24, 29 f.). Er erzählt Woyzeck von der Untreue Maries mit dem Tambourmajor (25, 9 ff.). Der Verlust Maries wäre Woyzecks Untergang, hat er doch

3.2 Inhaltsangabe

„sonst nichts auf der Welt" (25, 25). Der Doktor nutzt Woyzecks Verwirrung wiederum für Untersuchungen und Messungen. Der Hauptmann droht Woyzeck irritiert („Kerl, will er erschoßen werden...", 26, 1). Woyzeck denkt an Selbstmord.

10. Die Wachtstube. **Andres reizt Woyzeck, der auf die Suche geht:** Andres singt anzüglich und Woyzeck damit reizend das Lied vom Wirtshaus an der Lahn; die Szene wird dadurch sexuell aufgeladen, zumal die Strophe von der Magd und den Soldaten Marie und dem Tambourmajor entspricht. Woyzeck will in die Gasthäuser, weil er glaubt, dort Marie mit dem Tambourmajor beim Tanz überführen zu können.

11. Wirtshaus. **Woyzeck sieht Marie in einem Wirtshaus beim Tanz mit dem Tambourmajor:** Handwerksburschen geben sich dem Alkohol hin und singen. Woyzeck sieht durch das Fenster Marie mit dem Tambourmajor leidenschaftlich tanzen. Woyzeck weiß nun, dass er Marie verloren hat, und glaubt, es müsse die Welt untergehen. Er erlebt aber, dass das wilde Treiben um ihn ungestört weitergeht. Der betrunkene Handwerksbusche gesteht in einer Predigtparodie dem Soldaten das „Bedürfniß sich todtzuschlagen" (29, 24 f.) zu (Todesmotiv).

12. Freies Feld. **Woyzeck plant den Mord:** Der Rhythmus der Musik, der Marie begeisterte, wirkt bei Woyzeck weiter und wird wie im Wahn zum Rhythmus des Tötens, der ihn von dämonischen unterirdischen Kräften wie zu Beginn eingegeben wird: „Stich, stich die Zickwolfin todt ... stich todt, todt" (30, 6 ff.).

13. Nacht: **Woyzeck wird vom Mordgedanken beherrscht.** Musikrhythmus und Tötungsrhythmus halten in Woyzecks Kopf an. Vor seinem geistigen Auge sieht er „ein Messer" (30, 21). Andres versucht ihn zu beruhigen.

14. Wirtshaus. **Woyzeck unterliegt beim Ringen dem Tambourmajor:** Woyzeck widersetzt sich dem Ansinnen des Tambour-

10. Die Wachtstube

11. Wirtshaus

12. Freies Feld

13. Nacht

14. Wirtshaus

3.2 Inhaltsangabe

majors, mit ihm zu saufen, wird in einem Ringkampf besiegt und blutet. Sein Vorhaben bekommt Konturen: „Eins nach dem andern." (31, 25)

15. Woyzeck. Der Jude

15. Woyzeck. Der Jude. **Woyzeck kauft ein Messer.:** Bei einem Juden kauft Woyzeck ein Messer, das „mehr als Brod schneiden" kann (32, 11), da ihm eine Pistole zu teuer wird.

16. Marie. Das Kind. Der Narr

16. Marie. Das Kind. Der Narr. **Marie vermisst Woyzeck und bekommt Angst**: Marie sucht Ruhe in der Bibel. Zuerst zitiert sie aus dem 1. Petrus 2, 22. Sucht man das Zitat vollständig („Welcher keine Sünde getan hat, ist auch kein Betrug in seinem Munde erfunden."), weiß man, dass sich Marie schuldig fühlt. Deshalb ruft sie „Herrgott. Herrgott" (32, 20 f.). Im Johannes-Evangelium 8/2 ff. findet sie, dass Jesus einer Ehebrecherin vergibt, und liest sich diese Stelle vor. Sie aber kann nicht vom Tambourmajor lassen. Woyzeck ist bereits den zweiten Tag nicht gekommen. Marie wird es „heiß" vor Angst und Erregung. Sie sucht bei Lukas (7, 37 ff.) Hilfe, wo Jesus der Sünderin Maria Magdalena, die ihm die Füße salbt und mit ihren Haaren trocknet, vergibt. Der Narr Karl, ein Idiot, erzählt sich Bruchstücke aus Märchen (*Rumpelstilzchen, Die wunderliche Gasterei* u. a.). Er kümmert sich um Maries Kind.

17. Kaserne

17. Kaserne. **Woyzeck kramt in seinen Sachen** (33, 19): Woyzeck ordnet seinen Nachlass und studiert seinen Militärpass. Andres glaubt, Woyzeck sei erkrankt. Aber Woyzeck erwähnt wieder die schon bekannten „Hobelspän" (34, 12 f.) und deutet damit auf einen Tod hin.

18. Marie mit Mädchen vor der Haustür

18. Marie mit Mädchen vor der Haustür. **Woyzeck holt Marie ab**: Marie spielt mit den Kindern der Nachbarschaft auf der Straße. Die Situation schlägt durch ein von der Großmutter erzähltes Märchen (Anti-Märchen) um: Ein armes elternloses Kind erkennt, dass alles nur Irrtümer sind: der Mond ein Stück faules Holz (Motiv des leuchtenden Pilzmyzels), die Sonne eine verwelkte Sonnenblume,

3.2 Inhaltsangabe

die Erde ein umgestürzter Nachttopf usw. Das Märchen verwendet Märchen der Grimms wie das von den *sieben Raben* und den *Sterntalern*. Woyzeck kommt und führt Marie hinweg, ohne ein Ziel zu nennen. Die Märchensituation der Einsamkeit wird für Maries Kind Wirklichkeit.

19. Marie und Woyzeck. **Woyzeck ersticht Marie**: Woyzeck hat Marie vor die Stadt geführt. Als der Mond rot „wie ein blutig Eisen" (36, 24) aufgeht, schlagen Woyzecks Wahnvorstellungen um. Er ersticht Marie. Dass er mit Messern umgehen kann, hat er von Anfang an unter Beweis gestellt: Er hat Stöcke geschnitten, den Hauptmann rasiert und Messer als Wahnbilder gesehen („Es zieht mir zwischen den Augen wie ein Messer." 30, 20 f.).

19. Marie und Woyzeck

20. Es kommen Leute. **Unbeteiligte hören Geräusche**: Zwei unbeteiligte Menschen haben Geräusche gehört; sie vermuten einen Ertrinkenden. Obwohl es unheimlich ist, suchen sie das Geräusch.

20. Es kommen Leute

21. Das Wirtshaus. **Woyzeck versucht vergeblich sich abzulenken**: Woyzeck singt im Wirtshaus das Lied von dem Wirtshaus an der Lahn. Käthe, sie ist „heiß" (37, 28), ist seine neue Eroberung. Als Woyzeck seine Jacke auszieht, sieht Käthe Blut an seinem Arm. In der Verwirrung, die eintritt, zitiert der Narr ein Märchen (*Der Teufel mit den drei goldenen Haaren* u. a.): Ein Riese rieche „Menschenfleisch" (38, 25). Er hat damit die Situation getroffen. Woyzeck entflieht.

21. Das Wirtshaus

22. Kinder. **Marie wurde gefunden**: Kinder sind unterwegs zur Mordstelle und berichten anderen Kindern, dass dort „am rothen Kreuz" (39, 9) eine Frau liege.

22. Kinder

23. Woyzeck: **Woyzeck sucht nach dem Messer.** Er spricht mit der toten Marie. Er sieht an ihr eine rote Schnur um den Hals, Zeichen einer Erhängten. Für ihn ist es das Zeichen gerechter Strafe („verdient", 39, 20). Nachdem er das Messer gefunden hat, flieht er.

23. Woyzeck

3.2 Inhaltsangabe

24. Woyzeck an einem Teich

24. Woyzeck an einem Teich. **Woyzeck entledigt sich des Messers:** Woyzeck wirft das Messer in das Wasser; immer noch erscheint ihm der Mond als „blutig Eisen" (40, 5). Während Woyzeck einerseits das Messer immer weiter ins Wasser wirft, damit es keiner findet, geht er andererseits immer tiefer hinein, um sich vom Blut sauber zu waschen.

25. Gerichtsdiener. Barbier. Arzt. Richter

25. Gerichtsdiener. Barbier. Arzt. Richter. **Woyzecks Verurteilung:** Es scheint, als habe man Woyzeck gefunden, verurteilt und richte ihn nun, wie den historischen Woyzeck, hin.

Varianten:

(26.) Der Idiot. Das Kind. Woyzeck

(26.) Der Idiot. Das Kind. Woyzeck. **Woyzeck trennt sich von seinem Kind:** Die aus H 3, 2 stammende Szene (82) könnte sich möglicherweise noch anschließen oder der Szene 25 vorausgehen: Der Narr Karl nimmt sich des Kindes von Woyzeck an, das von seinem Vater nichts wissen will. Er setzt so die Szene 16 fort. Karl geht mit dem Kind weg. Woyzeck bleibt allein zurück.

(27.) Der Hof des Professors

(27.) Der Hof des Professors. **Die Demütigungen des Woyzeck:** Die Szene stammt ebenfalls aus H 3 und korrespondiert mit der 8. Szene. – Der Professor (Doktor) will seinen Studenten ein Experiment zeigen: Dazu soll eine Katze aus dem Fenster geworfen werden. Als Woyzeck, der die Katze auffängt, das „Zittern" bekommt (142, 23), wird das menschliche Experiment interessanter als das tierische: Er erklärt den Studenten, dass Woyzeck seit einem Vierteljahr nichts als Erbsen esse. Nun seien die Folgen erkennbar. Woyzeck bewegt sich erneut auf der Grenze zwischen Animalischem und Menschlichem. Er soll wie ein Esel die Ohren bewegen („das sind so Übergänge zum Esel" 81, 20; 143, 21).

3.2 Inhaltsangabe

Die Fassungen lassen **drei Möglichkeiten des Endes** zu:

→ Woyzeck ertrinkt im Teich, als er bei mehreren Handlungen zugleich (Messer beseitigen, Blutflecken entfernen) die Übersicht verliert und vielleicht auch den Tod sucht.

→ Woyzeck kommt bei dem Versuch um, das Messer immer weiter in den See zu werfen. Indem er sich zwingt, immer weiter in den Teich zu gehen, erscheint der Vorgang als Selbstmord, Woyzeck bereut und möchte sich läutern.

→ Die Szene *Gerichtsdiener. Barbier. Arzt. Richter* in den Paralipomena deutet auf eine Verurteilung hin, wie sie historisch stattgefunden hat.

→ Deutlich ist, „dass es für die Geschichte von Woyzeck und Marie kein Happy-End geben kann, dass eine Tragödie geschieht. Beide Helden stehen ganz allein da, in Rat- und Ausweglosigkeit, und ihr Kind bleibt in der Obhut des Narren, der mit ihm wegläuft. Die kleine Geborgenheit, die ihr Leben umschloss, in der sie sich bei aller Mühe, das Lebensnotwendige zusammenzubekommen, leidlich sicher fühlten, ist zerstört, sie sind aus der Bahn geworfen."[34]

Drei mögliche Enden

---

34 Inge Diersen: *Louis und Franz. Margreth, Louisel, Marie*. In: Werner (Hrsg.) 1988, S. 188.

3.3 Aufbau

3.3 Aufbau

ZUSAMMEN-FASSUNG

> → *Woyzeck* ähnelt einem **Stationendrama**. Mit dieser Dramenform beginnt das moderne Drama nach dem „Ende der Kunstperiode" (Heine). Ein Stationendrama besteht aus einzelnen, oft lose miteinander verbundenen Szenen. Um die Handlung in Bewegung zu bringen, benötigt man den sogenannten „Boten aus der Fremde".
> → **Den Regieanmerkungen kommt große Bedeutung** zu. Um verstanden zu werden, benötigen sie keinen gesprochenen Text, sondern Aktionen, während sich die Regieanmerkungen in früherer Zeit auf den gesprochenen Text bezogen.
> → Büchners *Woyzeck* enthält **authentisches Material**. Aussagen des historischen Woyzeck aus den Gutachten und die Gutachten selbst wurden **eingearbeitet**. Zusammengehalten werden die Szenen durch eine relativ strenge **Einheit der Zeit**, die drei Tage umfasst.
> → Ein wesentliches Strukturelement des Aufbaus in Büchners Stück sind die **Symbole und Metaphern**. Es dominieren Symbole und Metaphern des Todes, des bedrohten Lebens sowie des Übergangs vom Tier zum Menschen.

Stationendrama

Die Szenen werden wie **Stationen** aneinandergereiht. Sie folgen einem **geradlinig fallenden Weg** bis zu Maries Tod und Woyzecks Untergang.

3.3 Aufbau

HANDLUNGSABLAUF IN *WOYZECK*

Woyzecks Wahnideen (im Gespräch mit Andres und Marie) weisen auf seinen sozialen Zustand hin
  Woyzecks Erlebnis der unmoralischen Welt (Maries Hurenlohn: die Ohrringe)
   Woyzecks Unmoral (im Gespräch mit dem Hauptmann: uneheliches Kind)
    Woyzeck als Wortbrüchiger (im Gespräch mit dem Doktor)
     Woyzeck als Betrogener (im Gespräch mit Hauptmann und Doktor)
      Woyzeck als Besiegter (im Ringen mit dem Tambourmajor)
       Woyzeck als Rächer (der Tod Maries)
        Woyzeck als Sterbender/Entschwindender

Mit dem **Stationendrama** beginnt im 19. Jahrhundert das moderne Drama in Europa, nachdem das religiöse Stationendrama in den mittelalterlichen Mysterienspielen die Stationen des Leidensweges Christi gereiht hatte. Das moderne Stationendrama hat eine offene Form, verbunden mit einer offenen Raum-, Zeit- und Handlungsstruktur. Die Zufälligkeit der Szenenfolge ist tatsächlich aber nur scheinbar gegeben, denn der Autor ist letztlich der Organisator der Abfolge und des Geschehens:

Scheinbar zufällige Szenenfolge

Beginn scheint meist zufällig	Stationen ordnen sich entweder als chronologische Folge oder als simultan nebeneinander verlaufende Szenen, scheinbar keine aus den Szenen entwickelte Handlung, Abläufe scheinbar zufällig.	Ende scheint meist zufällig

3.3 Aufbau

Reste der aristotelischen Dramenform

Das Stationendrama folgt teils der offenen Form[35] des shakespearisierenden Geniedramas im Sturm und Drang, teils nimmt es die Szenen scheinbar zufällig aus dem alltäglichen Ablauf. Trotzdem treten im Stationendrama Reste der klassischen (aristotelischen) Dramenform auf: Diese Reste dienen dazu, beim Zuschauer die tradierten, bekannten Abläufe einerseits zu nutzen, um ihnen andererseits die neuen, nicht aristotelisch gefügten Abläufe auflegen zu können. Der Zuschauer soll in seiner Erwartungshaltung, die bis in das späte 19. Jahrhundert hinein fast ausschließlich von der klassischen Dramenstruktur bestimmt und ihm so anerzogen wurde, bestätigt werden.

---

35 Vgl. Volker Klotz: *Geschlossene und offene Form im Drama*. München: Carl Hanser, 14. Aufl. 1999.

3.3 Aufbau

Im Stationendrama gibt es keinen handlungsbestimmenden Konflikt, sondern einen handlungsbestimmenden Zustand, der oft sozialer Natur ist. Bereits deutlich ausgeprägt findet es sich in Büchners *Dantons Tod*, es wurde erstmals im *Woyzeck* durchgestaltet (idealtypisches Stationendrama) und sollte später von August Strindberg in *Nach Damaskus* zu einem weiteren Höhepunkt geführt werden.

Das Stück besteht aus einzelnen Szenen. Akte oder eine klassisch geprägte Abfolge von der Exposition bis zur Katastrophe sind nicht erkennbar. Die Szenen werden wie Stationen aneinandergereiht. Sie folgen, wie gesehen, einem geradlinig fallenden Weg bis zu Maries Tod und Woyzecks Untergang.

Keine Akteinteilung

Einzelne Komplexe sind in Umrissen des aristotelischen Dramas erkennbar, ohne die Struktur des aristotelischen Dramas zu erreichen:

1. eine Art Einführung mit erregendem Moment und Steigerung: Woyzeck als kasernierter Soldat, Zusammenleben mit Marie, die Messe (Jahrmarkt) als besonderes Erlebnis, Begegnung Maries mit dem Tambourmajor (Szenen 1–3);
2. ein sich entwickelnder Konflikt führt auf den Höhepunkt (Szene 11) und schlägt um in die fallende Handlung: Verführung Maries, Woyzecks Verwirrung und Fokussierung auf Rache, konkretisiert in Messer und Stechen (Szenen 4–13);
3. der logische Abschluss sind retardierendes Moment und Katastrophe: Provokation Woyzecks durch den Tambourmajor, Kauf des Messers und Mord an Marie. Woyzeck geht ins Wasser (Szenen 14–25).

3.3 Aufbau

Der Bote aus der Fremde

Die Handlung beginnt scheinbar zufällig: Woyzeck befindet sich in einem Gespräch mit Andres und gibt Antwort auf eine dem Leser/Zuschauer unbekannt bleibende Frage.

Fünf Jahrzehnte nach Büchner wurde der unmotivierte Eintritt in die dramatische Handlung in der beginnenden naturalistischen deutschen Dramatik und in der Dramatik Henrik Ibsens eine Grundbedingung. Um die Handlung in Bewegung zu bringen, benötigte man um 1885 den sogenannten **„Boten aus der Fremde"**, der in eine scheinbar unbewegliche Situation kommt und diese aus dem Gleichgewicht, damit in Bewegung bringt. Dieser „Bote aus der Fremde" ist bereits bei Büchner vorhanden: Es ist der Tambourmajor. Durch ihn gerät das Gleichgewicht sowohl unter der Bevölkerung (die Frauen möchten ihm gefallen; die Obrigkeit = Hauptmann beobachtet dessen Abenteuer) als auch in der Familie Woyzecks in Bewegung. *Woyzeck* hat bei aller Unsicherheit der Szenenfolge Züge eines pränaturalistischen Stationenstücks. Neben der Szenenfolge wird eine schwierigere Struktur dadurch geschaffen, dass das sprachliche Material von der Situation, aus der heraus gesprochen wird, und **den nichtsprachlichen Zeichen** überlagert wird. Wenn in der 1. Szene (Freies Feld) Woyzeck und Andres sprechen, wird das zu keinem Dialog, denn man spricht aneinander vorbei. Woyzeck hat zudem kaum geordnetes sprachliches Material bereit und versucht deshalb, das Gesprochene ständig zu ordnen, strukturiert es durch Ausrufe: „Still! ... Still! Es geht was! ... Die Freimaurer! ... Red was! Andres! Wie hell!" (9, 10 ff.).

Funktion des Tambourmajors

Pränaturalistische Züge

Funktion der Regieanmerkungen

Den **Regieanmerkungen** kommt bei Büchner eine erweiterte Bedeutung zu. Sie zielen nicht mehr nur auf Grundhaltungen („gerührt", 17, 28) oder die Redegestaltung („singt", 9, 11), sondern sie beschreiben episch eigenständige Vorgänge. So wird aus ihnen

3.3 Aufbau

bereits in der 1. Szene Woyzecks Verwirrung erkennbar. Er „stampft auf den Boden", er „starrt in die Gegend", er reißt Andres „in 's Gebüsch" (9, 18–29). Um verstanden zu werden, benötigen sie keinen gesprochenen Text, während sich die Regieanmerkungen traditionell auf den gesprochenen Text beziehen.

Büchners Texte enthalten **authentisches Material.** Hier wurden Aussagen des historischen Woyzeck aus den Gutachten und die Gutachten selbst eingearbeitet. Erfunden dagegen sind die Gestalten der „satirisch gezeichneten Komplement-Sphäre zu der Woyzecks"[36], der Hauptmann und der Doktor, die von Fassung zu Fassung an Gewicht zunehmen und als soziale und politische Mächte Woyzecks zunehmende Animalisierung und moralische Destrukturierung wesentlich bestimmen. Allerdings sind auch in sie zahlreiche Einzelzüge historischer Personen eingegangen.

Zusammengehalten werden die Szenen durch eine relativ strenge **Einheit der Zeit**, die drei Tage umfasst. Während dieser Tage erscheinen die Szenen **wie Momentaufnahmen wichtiger Augenblicke**; einen kontinuierlichen zeitlichen Verlauf gibt es nicht. Die Technik war nicht neu und schon bei Shakespeare, beim jungen Goethe (*Götz von Berlichingen*) und bei Lenz vorhanden. – Folgende Zeiteinteilung ist möglich, ohne dass sie als verbindlich angenommen werden muss:

Einheit der Zeit: drei Tage

Mögliche Zeiteinteilung

1. Tag: Woyzeck und Andres schneiden Stöcke; der Musikzug mit dem Tambourmajor kommt in die Stadt. Marie sieht den Tambourmajor, Woyzeck lädt sie auf die Messe ein. Dort trifft sie den Tambourmajor.

1. Tag

---
[36] Werner 1984, S. 244.

3.3 Aufbau

2. Tag

2. Tag: Der Tambourmajor hat Marie das erste Mal besucht und sie beschenkt. Woyzeck bringt Geld, wie immer in Eile, da er noch seinen Hauptmann rasieren muss. In der Zwischenzeit besucht der Tambourmajor Marie ein zweites Mal und wird dabei fast von Woyzeck überrascht. Wiederum hat er aber keine Zeit, da der Doktor auf ihn wartet. Als er bald darauf vom Hauptmann erfährt, was er ahnt, sucht er Rat bei Andres und trifft dann beim abendlichen Tanz Marie mit dem Tambourmajor. Er hat eine unruhige Nacht.

3. Tag

3. Tag: Der Tambourmajor reizt ihn; Woyzeck kauft das Messer und verteilt seine Habseligkeiten. Marie ist ängstlich, denn Woyzeck kommt den zweiten Tag nicht („gestern nit, heut nit" 33, 8 f.). Erst am Abend taucht er auf und geht mit Marie in die Dunkelheit, ermordet sie, besucht kurz das Wirtshaus und geht im Zeichen des nächtlichen Mondes ins Wasser.

Alban Bergs Oper

Diese Abfolge hat auch Alban Berg in seiner Oper *Wozzeck* genutzt, indem er immer mehrere Szenen zu einem Akt verband und dadurch eine ihm gemäße, fast traditionell wirkende dreiaktige Opernstruktur erreichte. So bekam er Raum für Orchester-Zwischenspiele, auf die er großen Wert legte.

Symbole und Metaphern

Symbole und Metaphern

Ein wesentliches Strukturelement des Aufbaus sind die **Symbole und Metaphern**. Drei Symbol- und Metapherngruppen dominieren (aufgelistet in Auswahl):

3.3 Aufbau

1. SYMBOLE UND METAPHERN DES TODES:	„rollt Abends der Kopf" (9, 6), Hobelspäne (9, 8), „hohl" (9, 19), tot (10, 3) u. ö.; leuchtende Schwämme, das „Es", die schwarze Katze mit feurigen Augen, Tötungsvorgänge wie Halsabschneiden usw., die Hinweise auf das Jüngste Gericht.
2. SYMBOLE UND METAPHERN DES BEDROHTEN LEBENS	rot, roter Mund, Feuer, der rote Mond, rotes Blut, die rote Schnur, das rote Kreuz, blutig Eisen mit dem gesamten Wortfeld „Messer", erstechen: der Hauptmann fühlt sich mit Woyzecks Augen erstochen, die inneren Befehle „stich" usw.
3. SYMBOLE UND METAPHERN DES ÜBERGANGS VOM TIER ZUM MENSCHEN	viehische Vernunft, wildes Tier (20, 2), der Affe als Soldat, das pissende Pferd, „Viehsionomik" (14, 13), „ein thierischer Mensch" (14, 14 f.) gepisst wie ein Hund (21, 9), Tiere als Akademiemitglieder (12, 18), als Soldaten (12, 27 ff.)

Die Symbole und Metaphern halten von Szene zu Szene die Erinnerung an den Hauptvorgang des Stücks – Woyzecks Umgang mit seiner doppelten Natur – wach und führen von Station zu Station, sie kommen bis zum Mord immer näher zueinander und fügen sich in einer großen Metapher in der 15. Szene (*Woyzeck. Der Jude*) zusammen: Woyzeck kauft das Messer, sein Tod wird ihm wohlfeil geboten, und bezeichnet wird er als „der Hund" (32, 15). Bis zu Woyzecks Gang ins Wasser bleiben diese Symbole an Woyzeck gebunden und lassen den Tod Maries, aber auch Woyzecks Ende zwanghaft unaufhaltsam erscheinen.

Engführung der Metaphern in der 15. Szene

3.4 Personenkonstellation und Charakteristiken

ZUSAMMENFASSUNG

In den Entwürfen des *Woyzeck* findet sich **kein Personenverzeichnis von Georg Büchners Hand**. Die jeweiligen Verzeichnisse stammen von den Herausgebern. Besonders folgende Personen treten hervor:

→ **Franz Woyzeck**:
30–40 Jahre; wird von allen ausgenutzt, betrogen und hintergangen; durch medizinische Versuche Zeichen geistiger Verwirrung; der erste Plebejer mit proletarischen Zügen, der die deutsche Bühne betritt;

→ **Marie Zickwolf**:
erotisch-sinnlich, verführbar, empfindet sich schuldig, Liebe wird käuflich;

→ **Tambourmajor**:
äußerlich, oberflächlich, kein soziales Gefühl, triebhaft bestimmt;

→ **Hauptmann**:
beruft sich auf seinen Stand und die Dienststellung; dümmlich; selbstgerecht;

→ **Doktor**:
pseudowissenschaftlich interessiert; menschenverachtend; fast eine Karikatur;

→ **Andres**:
Soldat, Partner und rationales Gegenbild von Woyzeck, lebt nach dem Befehl.

Die Personen wechselten zwischen den Fassungen ihre Namen: Franz Woyzeck hieß zuerst Louis, Marie Zickwolf in der ersten Handschrift Margreth (also wie in der letzten Entwurfsstufe die Nachbarin Maries), in der zweiten Handschrift Louisel.

3.4 Personenkonstellation und Charakteristiken

Macht und Machtlosigkeit – zwei Personengruppen
Das **Personenensemble** konzentriert sich auf zwei Gruppen:
1. die militärische Hierarchie (Soldaten, Unteroffiziere mit Tambourmajor, Offiziere, Garnisonsprediger (18, 1), Polizeikommissar), zu der im weiteren Sinne auch der Doktor gehört, agiert in der scheinbar großen Welt, in der Macht ausgeübt wird; — Angehörige des Militärs
2. die zivile Welt mit Randgruppen und Außenseitern der Gesellschaft (Reste von Familien, Schausteller, Marktschreier, Juden, Handwerksburschen, Arme) ist eine kleine Welt, in der Macht erduldet wird. — Zivilisten und gesellschaftliche Außenseiter

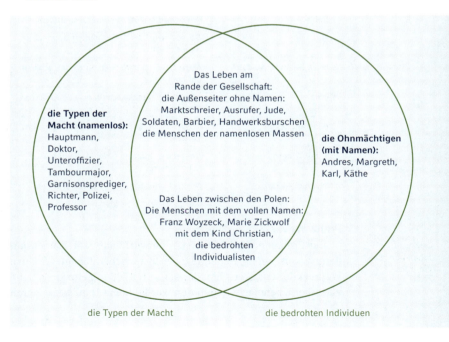

3.4 Personenkonstellation und Charakteristiken

Sprache als Waffe

Zwischen diesen beiden Gruppen lebt Woyzecks Familie. Nicht nur zwischen den Gruppen, sondern auch in ihnen versucht man sich gegenseitig zu verletzen. Die Sprache wird zum Instrument „wechselseitiger geistiger Verletzung"[37].

Woyzeck und der Tambourmajor sind trotz ähnlichem Sozialstatus Gegner. Der Tambourmajor bricht in Woyzecks kleine Welt vernichtend ein:

WOYZECKS KLEINE WELT	DURCH TAMBOURMAJOR EINTRETENDE VERÄNDERUNG
Familie	Marie wird verführt und herausgebrochen;
Beruf	Woyzeck wird durch Gerüchte (Hauptmann) verunsichert;
soziale Stellung: Soldat	Woyzeck wird übertroffen durch den schönen Tambourmajor;
Besitz	wird von Woyzeck verteilt, ersetzt durch das Messer;
Nebentätigkeiten	Woyzeck wird gemobbt, lächerlich gemacht (Doktor);
Freizeit/Unterhaltung	Woyzeck ist einsam, ohne Marie und wird diskriminiert;
individuelle Kraft	Woyzeck wird besiegt, „Der hat sein Fett" (31, 23)

Franz Woyzeck

Der reale Johann Christian Woyzeck

Der Protagonist hieß im ersten Entwurf Louis. Die Namensänderung weist auf die Bedeutung des historischen Johann Christian Woyzeck für das Stück hin, der am 3. 1. 1780 in Leipzig als Sohn eines Perückenmachers geboren wurde. Seine Handwerkslehren

---

37 Werner, 1984, S. 256.

3.4 Personenkonstellation und Charakteristiken

scheiterten, er wurde 1806 Soldat in verschiedenen Armeen, diente u. a. nach 1807 als Soldat Wurzig in der schwedischen Armee beim Engelbrechtischen Infanterie-Regiment im damals noch schwedischen Stralsund.[38] Hier hatte er eine solide Frauenbeziehung. Nicht bestätigt ist, dass er, als sich die Frau ihm verweigerte, sie mit einer Flasche erschlug, wie eine Art Flugblatt berichtete.[39] Daraufhin soll er drei Jahre im Zuchthaus gesessen haben. 1818 erhielt er seinen Abschied aus preußischen Diensten und kam nach Leipzig zurück. Dort nahm er seine Beziehung mit der Witwe Johanna Christiane Woost auf, die er bereits 1794 als junge Frau kennengelernt hatte. Diese ging während der Beziehung zu Woyzeck fremd, und es kam zum Streit.

Woyzeck sank sozial auf die unterste Stufe, war obdachlos und lebte von Bettelei. Er ist bei Büchner Plebejer, gehörte also zum einfachen Volk, und ansatzweise Proletarier, ohne dass schon kapitalistische Produktionsverhältnisse herrschen. Er ist als Handwerker sozial deklassiert worden und entspricht damit einem verbreiteten Vorgang. Vom Vorgesetzten, dem Hauptmann, wird er moralisch disqualifiziert, vom Doktor im Menschenversuch missbraucht, von der Geliebten Marie betrogen, von ihrem Freier lächerlich gemacht. Der Obdachlose wird zum kasernierten Vater, da er die für eine Ehe benötigte Mindestsumme nicht aufbringen kann. Dass er Marie nicht heiratet, ist keinem moralischen Versagen zuzuschreiben, sondern der sozialen Situation. Insofern ist Woyzeck in seiner Handlungsfreiheit sowohl in der militärischen

Sozial deklassiert und gedemütigt

---

38 Das fand der schwedische Schriftsteller Per-Erik Wahlund (1923–2009), der Büchner ins Schwedische übersetzte, beim Studium zeitgenössischer Armeeunterlagen im Stockholmer Kriegsarchiv heraus. Vgl. Woyzeck, in: Sonntag, Berlin 1984, Nr. 26.
39 *Curiöse Gespräche zwischen Prohaska, Jonas und dem Friseur Woyzeck.* Nebst Woyzecks vollständiger Lebensbeschreibung und dessen lehrreichen Abschiedsworten von seinen Freunden und Bekannten. Leipzig. In Commission, bei P. Fr. Vogel in Hohmannshof, 1824, S. 14. In: Mayer 1963, S. 144 f.

3.4 Personenkonstellation und Charakteristiken

Opfer von Menschenversuchen

Hierarchie als auch in der familiären Ordnung an unterster Stelle angesiedelt und am wenigsten geschützt, denn selbst Marie kann ihre Lebensführung frei bestimmen, was sie auch tut, ist sie doch von keinen gesetzlichen Bindungen eingeschränkt. Woyzeck wird über seine soziale Stellung hinaus durch Versuche beeinträchtigt, denen er sich unterzieht, um Geld zu verdienen: Die einseitige Ernährung führt zu Zeichen geistiger Verwirrung und des Wahnsinns, der vom Doktor als gehobene Form diagnostiziert wird: „aberratio mentalis, partialis, die zweite Species" (22, 31 f.); damit erklären sich auch die Stimmen, die Woyzeck hört.

Mit Woyzeck rückt der sozial am tiefsten Stehende ins Zentrum des Geschehens, ist dabei allerdings zwar die Hauptperson der Handlung, aber kein Held im ästhetischen Sinn. Das ist eine **Revolutionierung der künstlerischen Traditionen**. Woyzeck will den Auftrag der Stimmen erfüllen, die Sünde aus der Welt zu vertreiben. Das versteht er als göttlichen Auftrag, denn Woyzeck, der kaum Bildung genossen hat, kennt sich in der Bibel aus und zitiert daraus (9, 26 ff.; 11, 23 f.; 22, 22 f.).

Woyzecks Alter

Bei Woyzecks Alter widersprechen sich der fiktive und der reale Lebenslauf. Büchners Woyzeck gibt sein Alter mit „30 Jahre 7 Monate und 12 Tage" (34, 8) an. Der historische Woyzeck hat den Mord mit 41 Jahren begangen. Geboren 1780 bedeutete das, die Handlung ereignete sich 1821 (historische Tat), die Hinrichtung Woyzecks 1824. Legt man die Selbstaussage Woyzecks, er sei 30 Jahre, zu Grunde, geschähe der Mord im Juni 1810. Andere Angaben, wie die Regimentsführung durch den Prinzen (19, 22), verweisen auf die Zeit nach 1830.

3.4 Personenkonstellation und Charakteristiken

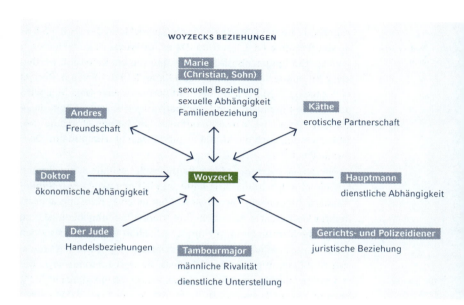

Marie Zickwolf

Marie bekommt von Büchner erst spät den Namen der unbefleckten Jungfrau. Sie, die sich selbst als Sünderin betrachtet und deren wollüstige Sinnlichkeit eine Ursache für den Untergang der Familie ist, hieß zuvor Margreth (44 ff., 56 ff.) und Louise(l) (64 ff., 77 ff.). In sie sind zwei Frauengestalten eingegangen: Einmal Johanna Christiane Woost in Leipzig, die vom realen Woyzeck 1821 erstochen wird, zum anderen 1810 die Wienbergin in Stralsund, die der reale Woyzeck liebte und mit der er eine Kind hatte[40]: Aus beiden Frauengestalten wurde bei Büchner Marie Zickwolf mit

Verschmelzung zweier Frauengestalten

---

40 Vgl. Hans Mayer: *Georg Büchner 'Woyzeck' – Wirklichkeit und Dichtung*. In: Mayer 1963, S. 54.

3.4 Personenkonstellation und Charakteristiken

Im Zentrum der sozialen Kritik

dem Kind Christian. Marie ist für die Entwicklung der sozialen Kritik von Beginn an das Zentrum. Da es für Woyzeck keine anderen sozialen Bindungen als die zu Marie und seinem Kind gibt, werden diese Bindungen zum Konflikt- und Kampffeld der Szenen. Bereits in der Szene 2, Marie sieht den Tambormajor ein erstes Mal, wird potenzielle Eifersucht zum Handlungsträger. Erst nachdem diese aufgebrochen ist – Woyzeck entdeckt die beiden Ohrringe (16, 1 f.) –, werden auch die Konflikte mit der Macht (Hauptmann, Doktor) ausgestellt.

Der Namensgebung Marie gilt dadurch besondere Beachtung: Sie, die eine Jungfrau Maria hätte sein können, wurde zur Sünderin Maria Magdalena, die erlöst werden möchte. Erlösung aber ist in ihrer Welt nicht vorgesehen. Ihre triebhafte Sinnlichkeit ist eine natürliche Veranlagung, für die Gesellschaft wird daraus jedoch schnell eine käufliche Dienstleistung. Marie empfindet den Widerspruch: Sie lehnt gegenüber Woyzeck die vom Tambourmajor geschenkten Ohrringe als Hurenlohn ab – „Bin ich ein Mensch?" (16, 3), und Woyzeck resigniert „S'ist gut, Marie.", weiß aber nach Woyzecks Abgang sehr wohl: „.... ich bin doch ein schlecht Mensch" (16, 13 f.). Woyzecks Partner Andres sieht Marie in diesem Sinne als „das Mensch" (27, 28). Eine neuere Studie sieht den Ausspruch „Bin ich ein Mensch?" in der Nachfolge der *Deklaration der Menschenrechte* als Ausdruck dafür, dass Marie „die Menschenrechte bzw. Menschenwürde bereits für sich in Anspruch nimmt und von Woyzeck darin bestätigt wird"[41]. Eine solche Deutung entspricht aber weder dem Text noch den politischen Kenntnissen Maries.

„Bin ich ein Mensch?"

Stellvertretendes Opfer

Marie wird Woyzecks Opfer, stellvertretend für die Repräsentanten der Gesellschaft, die im Beisein Woyzecks in bedrohliche Situationen, versehen mit dem Symbol „Messer", geraten: Woy-

---

41 Graczyk, S. 109.

3.4 Personenkonstellation und Charakteristiken

zeck „rasirt" (16, 20) den Hauptmann; als Woyzeck an Hauptmann und Doktor vorbeigehetzt kommt, sieht der Hauptmann in ihm „ein offnes Rasirmesser" (24, 29).

Tambourmajor

Woyzecks Rivale leitet eine Militärkapelle. Sein Abzeichen ist der mit Quasten versehene Tambourstab. Alles an ihm ist auffallende Äußerlichkeit; er stellt sich zur Schau und wird zur Schau gestellt. Dadurch wird er zum Repräsentanten männlicher Triebhaftigkeit und Potenz.

> „Er lebt eine entfremdete Existenz und unterscheidet sich darin von keiner der anderen Gestalten des Dramas. Er flüchtet in Alkohol, schneidet auf und betet die eigene Kraft und Männlichkeit an, die er sich immer wieder aufs Neue bestätigen muss (...)"[42]

Dramaturgisch ist er ein „Bote aus der Fremde": Diese dramaturgische Kategorie spielt im Stationendrama eine organisierende Rolle. Da dieses Drama scheinbar irgendwo, irgendwann und zufällig beginnt, muss die Handlung des „zufälligen" Ausschnitts in Bewegung kommen, damit szenisches Geschehen entsteht. Durch den Zug des Tambourmajors von der Garnison in die Stadt und die dadurch verursachte Begegnung mit Marie kommt Woyzecks Familie aus dem Gleichgewicht, und die Stadt hat ihr Gesprächsthema. Er kommt nur in einigen Auftritten vor, dramaturgisch ist er Woyzecks Gegenspieler, obwohl er ihm sozial ähnlich ist. Aber Animalisches und Triebhaftes dominieren bei ihm über Soziales, das für ihn keine Rolle spielt. –

Bote aus der Fremde

Setzt Handlung in Bewegung

---

[42] Große, S. 57 f.

3.4 Personenkonstellation und Charakteristiken

Szene aus dem *Woyzeck* im Stadttheater Bern, Premiere 12.09.2009, Schweiz
© ullstein bild – Imagebroker.net

Ein Beispiel für den Tambourmajor konnte Büchner in Heinrich Heines *Ideen. Das Buch Le Grand*, 6. Kapitel, finden: Der „allmächtige große, silbergestickte Tambour-Major" konnte seinen „Stock mit dem vergoldeten Knopf" bis in die erste Etage werfen, „seine Augen sogar bis zur zweiten Etage – wo ebenfalls schöne Mädchen am Fenster saßen".[43]

Doktor

Reale Vorbilder

Der Arzt ist, wie ein Mitstudent Büchners aus Gießen berichtet, teilweise eine Karikatur des Gießener Anatomieprofessors Johann Bernhard Wilbrand.[44] Aber auch andere akademische Lehrer, wahrscheinlich auch Justus Liebig, haben Züge geliefert. Der Dok-

---

43 Heinrich Heine: *Werke*. Hg. von Ernst Elster, 3. Band, Leipzig: Bibliographisches Institut o. J., S. 147 f.
44 Karl Vogt: *Aus meinem Leben*. Stuttgart, 1896, S. 670.

3.4 Personenkonstellation und Charakteristiken

tor benutzt Woyzeck zu Experimenten; diese aber drohen zu scheitern, da sich Woyzeck von seiner „Natur" bestimmen lässt, nicht von den pseudowissenschaftlichen Vorgaben. Des Doktors Vorlesung und seine Versuchsanordnung (80 f.) sind Parodien auf solche Vorgänge. Andererseits erinnert des Doktors Bewunderung für Woyzecks Krankheitssymptome an die Menschenverachtung, mit der in deutschen KZs Menschenversuche vorgenommen wurden. Der Doktor verhält sich wie eine Vorwegnahme späterer Entwicklungen.

_{Vorwegnahme der Menschenversuche in der NS-Zeit}

Hauptmann

Woyzecks Vorgesetzter ist geistig unbeweglich, ergeht sich in leeren Abstrakta, in tautologischem Unsinn und versucht Woyzeck zu imponieren („Moral das ist wenn man moralisch ist", 17, 30 f.). Er ist selbstgerecht, obwohl er Anlass zur Selbstkritik hat, denn er ist ein Voyeur (ein Mensch, der beim Betrachten anderer sexuelle Befriedigung erfährt): Er schaut jungen Mädchen in „weißen Strümpfen" nach und „da kommt mir die Liebe" (18, 24). Später hat er bei der Beobachtung Maries und des Tambourmajors „wieder die Liebe gefühlt" (25, 21 f.).[45] Des Hauptmanns Sicherheit sind jene Normen, die Woyzeck entzogen sind: Besitz, sozial gehobener Status, Gesetz (Befehl) und daraus abgeleitete Tugend und Moral. Als Woyzeck auf die lüsternen Enthüllungen des Hauptmanns wütend antwortet, wird das wirkliche Gesicht des Hauptmanns deutlich: Er droht Woyzeck mit Erschießen.

Selbstgerechter Voyeur

---

[45] Diese Äußerung veranlasste Matthias Langhoff zu der Spekulation, dass auch der Hauptmann mit Marie sexuellen Verkehr hatte. Dadurch habe Woyzeck seine Nebenarbeiten bekommen. Vgl. Langhoff, S. 36.

3.4 Personenkonstellation und Charakteristiken

Theaterstücke Hamburg – *Woyzeck*, Thalia-Theater – Hacker (Hauptmann) und Moltzen (Woyzeck) © ullstein bild – Moenkebild

Spitzt mit seinen Liedern Situation zu

Rationales Gegenbild zu Woyzeck

Andres

Andres ist Soldat und Partner von Woyzeck. Er singt gern, aber seine Lieder spitzen die entsprechenden Situationen zu. Als in der 1. Szene Woyzeck Todesvorstellungen hat, ergänzt Andres diese durch ein Lied, in dem der Tod vorkommt. Als Woyzeck die Untreue Maries ahnt, singt er einen Vers des obszönen Frau-Wirtin-Liedes, in dem die Magd Schlag zwölfe auf die Soldaten wartet. Andres ist das rationale Gegenbild Woyzecks, er lebt korrekt nach dem Befehl und unterwirft sich diesem. So hört er auch im Gegensatz zu Woyzeck in der 1. Szene die Trommeln zum Zapfenstreich. Er versteht Woyzecks Wahn- und Moralvorstellungen nicht („... du musst Schnaps trinken und Pulver drein das tödt das Fieber", 34, 10 f.). Er genießt die wenigen Annehmlichkeiten der Welt und macht sich keine Gedanken. Er tritt ausnahmslos gemeinsam mit

3.4 Personenkonstellation und Charakteristiken

Woyzeck auf und hat sonst keine eigene Szene. So könnte Andres auch Woyzecks innere Stimme der alltäglichen Vernunft sein, die sozial funktionierende Variante. Sein Name bedeutete dann „andres" als Woyzeck.[46] Andres ist der, der dem „herkömmlichen Bild eines Woyzeck am meisten entspricht".[47] Unterstützt wird diese Ansicht durch die Gutachten über den historischen Woyzeck, die von „Stimmen" sprechen, die Woyzeck gehört habe usw.[48] In einer Inszenierung des Stücks am Burgtheater Wien 1989 ließ man in der 1. Szene Woyzeck und Andres alle Bewegungen synchron machen, als wären sie ein und dieselbe Person.

Stimme der Vernunft?

Die Personenkonstellation unter dem Aspekt der Namen

Individuum	Reduzierte Individualität	Typ
Franz Woyzeck Marie Zickwolf	Christians Großmutter Andres, Soldat Käthe, Hure Karl, Narr Margreth, Nachbarin Christian, Kind	Hauptmann Doktor Tambourmajor Unteroffizier Marktschreier, Ausrufer der Jude (Händler)
Vor- und Familienname, kaum Typisierungselemente	Vorname, Typisierung Typisierung fortschreitend	Beruf als Ausdruck der Hierarchie, Typisierung abgeschlossen

Aufstieg von der Individualisierung zur Typisierung

---

46 Der Verlust des menschlichen Schattens kann mitgedacht werden, wie sie Büchner durch Adalbert von Chamissos *Peter Schlemihls wundersame Geschichte* (1814) kannte. Da Schlemihl seinen Schatten an den Bösen verkauft hat, wird er einsam und flieht in die Natur. Auch E. T. A. Hoffmanns *Die Geschichte vom verlorenen Spiegelbilde* (1815) behandelt das Thema. Hoffmann war Gutachter beim ähnlich gelagerten Mord Schmollings an seiner Geliebten; Büchner interessierte sich für Hoffmanns wahnhafte Gestalten. Vgl. Friedhelm Auhuber: *Das Problem der Zurechnungsfähigkeit ...*, darin: Das Schmolling-Gutachten. In: Georg Büchner Jahrbuch 5/1985, S. 362–365.
47 Langhoff, S. 30.
48 Vgl. Mayer 1963, S. 103 u. ö.; Dedner, S. 146.

3.4 Personenkonstellation und Charakteristiken

Nur Hauptpersonen mit vollständigem Namen

Nur die zwei Hauptpersonen bekamen vollständige Namen (Franz Woyzeck, Marie Zickwolf). Einige im sozialen Umfeld der Hauptpersonen lebende Personen erhielten Vornamen, die mit Typisierungshinweisen versehen wurden (das Kind Christian, die Nachbarin Margreth, der Narr Karl, die Hure Käthe, der Soldat Andres) bzw. wurden als Familienangehörige erkennbar (Großmutter). Die Repräsentanten der Macht sind durch Berufsbezeichnungen typisiert. Individualität haben sie nicht nötig, denn sie wird durch die Bezeichnung der Stellung in der Machthierarchie ersetzt: Hauptmann, Doktor, Tambourmajor, Unteroffizier usw. Gleichfalls typisiert sind die Außenseiterfiguren wie Marktschreier, Ausrufer, Handwerksburschen und der Jude; diese sind dabei aber der Individualität wie der Macht verlustig gegangen.

3.5 Sachliche und sprachliche Erläuterungen

Etliche Wendungen und Bilder in Büchners Stück stammen aus Gutachten über den historischen Woyzeck. Sie werden hier nicht im Einzelnen nachgewiesen. Um ein Beispiel zu geben, wird der „Vorfall am Schlossberge in Graudenz" zitiert, den Dr. J. C. A. Clarus in sein endgültiges Gutachten über Woyzeck aufnahm:

Übernahmen aus den Gutachten

Clarus berichtet, Woyzeck sei auf die Stadt Graudenz zugegangen „und habe da am Himmel **drei feurige Streifen** gesehen", Glockengeläute gehört, „was ihm **unterirdisch** geschienen hätte", und er habe geglaubt, „dass wohl die **Freimaurer** ihr Zeichen verändert und ein anderes gewählt haben möchten".[49] Die fett gedruckten Begriffe wurden von Büchner Woyzeck in den Mund gelegt (9, 5 ff.).

FREIES FELD (9, 2)	Seit dem Sturm und Drang wurden die Räume im deutschen Drama geöffnet, die zuvor im Drama Lessings und der Aufklärer geschlossen waren.
SCHNEIDEN STÖCKE (9, 4)	Stöcke (In anderen Ausgaben heißt es „Stecken".) wurden für Korbflechtarbeiten, Schanzarbeiten und für die Prügelstrafe benötigt. Die Stecken werden für den Hauptmann geschnitten.
SCHWÄMME (63, 19) H 2, 1	In H 2 werden die Schwämme in der 1. Szene erwähnt. Sie bekommen später (22, 27 ff.) die Funktion des Orakels, da sie das Schicksal voraussagen könnten, wenn man die Myzels verstehe. Schwämme gehören zum heidnischen Zauber. In der 1. Szene erinnert der „verfluchte Platz" an einen Hexenring, der von Pilzmyzels gebildet wurde (bis zu 16 m Durchmesser) und sowohl böse (dann wuchs darin kein Gras mehr) als auch gute Kräfte (dann wuchs das Gras üppig) als Ursache hatte.

---

49 Mayer, 1963, S. 100.

3.5 Sprachliche und sachliche Erläuterungen

STREIF, KOPF ROLLT, HOBELSPÄNE (9, 5 FF.)	Woyzeck beschreibt eine Hinrichtungsstätte, an der Gespenster walten und mit ihren Köpfen kegeln. Wer sie stört, stirbt bald darauf. In Goethes *Erlkönig* wird für das sterbende Kind ein „Nebelstreif" zum Todessymbol. Diese Textstelle eröffnet eine immer wieder aufgerufene Symbol- und Metaphernfolge, die den unerbittlichen Ablauf des Geschehens signalisiert und die Wirkungslosigkeit menschlichen Handelns der Art Woyzecks demonstriert.
FREIMAURER (9, 9)	Kosmopolitischer Geheimbund, der aus mittelalterlichen Bauhütten hervorgegangen ist und deren Kunstlehre samt Riten und Symbolen übernahm. Freimaurer galten als Gegner des Feudalismus, brachen mit dem Ständewesen, kritisierten den Staat und dachten atheistisch. Bedeutende deutsche Denker, darunter Lessing, Goethe, Schiller, Herder und Wieland, waren Freimaurer. Mozarts Oper *Die Zauberflöte* war ein Werk im Sinne der Freimaurer.
SASSEN DORT ZWEI HASEN (9, 12 FF.)	Die zweite Strophe des Liedes spricht vom Tod der Hasen, die vom Jäger erschossen werden. Das Todessymbol des Beginns wird ausgebaut. Das Lied ist seit dem 15. Jahrhundert in zahlreichen Varianten bekannt.
ES GEHT WAS (9, 14)	Mit dem Pronomen „es" beschreibt Woyzeck die Angst, da er das Gespensterhafte nicht in Begriffe fassen kann. Vgl. auch 11, 26: Woyzeck fühlt sich von einem unheimlichen Verfolger, einer schicksalhaften Gewalt bedroht, die er nicht begrifflich zu fassen vermag oder will. „Es" steht nicht, wie sonst üblich, als Platzhalter für ein Substantiv, sondern für ein nicht zu fassendes Substantiv.
SIE TROMMELN DRIN (10, 4)	Zapfenstreich, nach dem sich alle Soldaten in der Kaserne einfinden müssen. Üblicherweise durch Trommel oder Trompete verkündet, an festlichen Tagen durch das Musikkorps.
DER ZAPFENSTREICH GEHT VORBEY (10, 9)	Siehe die vorige Anmerkung. Es handelt sich um einen Festtag, deshalb kann Woyzeck Marie auch auf die „Messe" (66, 18, H 2, 2) einladen.

3.5 Sprachliche und sachliche Erläuterungen

TAMBOURMAJOR (10, 10)	Kommandiert die Trommler. Dem Rang nach ist er ein Unteroffizier, also keineswegs einem Major ebenbürtig.
FRAU JUNGFER (10, 25)	Während junge adlige Mädchen Fräulein genannt wurden, war „Jungfer" ausschließlich bürgerlichen Mädchen vorbehalten. Die Frankfurter Polizeiordnung bestimmte, dass Jungfern im Gegensatz zum Fräulein keinen Schmuck tragen durften. Wenn die Nachbarin Margreth Marie „Frau Jungfer" nennt, reizt sie diese damit, denn sie ist weder „Frau", da ledig, noch Jungfer, da sie ein Kind hat. Zusätzlich setzt sie sich als „honette Person" dagegen.
HONETT (10, 26)	Achtbar, ehrenhaft.
LUDER (11, 1)	Marie zahlt es der Nachbarin mit gleicher Münze beleidigend zurück. Das Luder ist ein Lockmittel, zuerst auf der Jagd, aber übertragen wurde der Begriff auf leichte Mädchen.
MÄDEL, WAS FANGST DU JEZT AN (11, 5 FF.)	Wanderstrophe, die variiert auch als Schluss anderer Volkslieder gesungen wurde. Büchners Text sehr nahe kommt *Die lustige Nonne aus Preßburg* (1806)[50].
VERLES (11, 19)	Zählappell, wobei die Soldaten namentlich verlesen werden und selbst antworten müssen.
EIN RAUCH VOM LAND, WIE DER RAUCH VOM OFEN (11, 23 F.)	Woyzeck zitiert aus dem Untergang Sodom und Gomorrhas (AT, 1. Moses 19, 28). Fortwährend passt er seine Gesichte, Wahnvorstellungen und Visionen einer bibelähnlichen Metaphorik an und autorisiert sie dadurch. Außerdem ist die Bibel sein oberstes Bildungsgut.

---

50 Vgl. Dedner, S. 21.

3.5 Sprachliche und sachliche Erläuterungen

DIE MESSE (66, 18) H 2, 2	Vermutlich Kirmes(s) = Kirchweih; auch in protestantischen Gegenden wurde der jährliche Feiertag der Kirchweih mit weltlichen Belustigungen und Jahrmärkten verbunden. Die Messe ist Anlass für die 3. Szene (*Buden. Lichter. Volk*) und auch für den Aufenthalt des Tambourmajors in der Stadt, denn er gehört sonst zum Musikkorps der Residenz, wie sein Hinweis auf den Prinzen, und damit den fürstlichen Hof, zeigt (19, 22).[51]
AUF DER WELT IST KEIN BESTAND (12, 8)	Alter Leierkastensang[52], verbreitet waren ähnliche Verse wie im satirisch-apokalyptischen *Kometenlied*: „Die Welt steht auf keinen Fall mehr lang" des Knieriem aus Nestroys *Der böse Geist Lumpazivagabundus* (1833). Knieriem ist ein Schustergeselle, der in den Sternen den nahen Weltuntergang gelesen hat und sich deshalb dem Trunk ergibt.
DAS ASTRONOMISCHE PFERD (12, 16)	Eigentlich: das sternkundige Pferd, möglicherweise aber auch das wahrsagende sterndeutende Pferd (nach: Astrologie).
CANAILLEVÖGELE (12, 17)	Kanarienvögel.
POTENTATEN (12, 17)	Herrscher, regierende Fürsten.
SOCIETÄTEN (12, 18)	Wissenschaftliche oder gelehrte Gesellschaften.
COMMENCEMENT (12, 25)	franz.: Anfang. Der Ausrufer spricht grammatisch und semantisch gebrochen Deutsch. Dadurch zieht er in verstärktem Maße die Aufmerksamkeit des Publikums auf sich.

---

51 Vgl. auch Dedner, S. 36.
52 Vgl. Bergemann, S. 668.

3.5 Sprachliche und sachliche Erläuterungen

VIEHSIONOMIK (14, 13)	Einerseits satirisches Wortspiel mit Physiognomik, der Kunst von der Ausdruckslehre der Gestalt und des Gesichts, die seelische Eigenschaften ausdrücken sollen. Durch Lavaters *Physiognomische Fragmente* (1775–78) wurde die Lehre populär, die Büchner in seiner Probevorlesung *Über Schädelnerven* ansprach. Auch in der Novelle *Lenz* erwähnte er Lavater. Andererseits ist es die Übertragung der menschlichen Ausdruckslehre auf das Vieh. Da sich Woyzeck zwischen Animalischem und Menschlichem bewegt, bezeichnet sie hier auch sarkastisch seinen Zustand.
BÊTE (14, 15)	franz.: Tier, Bestie.
BIN ICH EIN MENSCH? (16, 3)	In der Bedeutung: das Mensch; Beleidigung und Bezeichnung für eine leichtfertige Frau, auch eine Hure. Marie will ihre Ohrringe nicht von Woyzeck als Hurenlohn deklariert sehen. Sie sieht sich durchaus als „ein schlecht Mensch" (16, 13 f.). Auch Andres bezeichnet Marie als ein „Mensch" (27, 28).
WOYZECK RASIRT IHN (16, 20)	Der historische Woyzeck hatte Perückenmacher gelernt und war zeitweise Friseur. In der Fassung H 1 tritt ein Barbier auf, der Züge Woyzecks trägt[53]: Er ist wissenschaftliches Versuchsobjekt, „die ganze Menschheit studirt" an ihm (52, 22 f., H 1, 10), u. a. Woyzecks Gegner, der Tambourmajor, tritt hier als Unteroffizier auf.
MIT DEN ZEHN MINUTEN ANFANGEN (16, 23 F.)	Der Hauptmann kennt als Lebensinhalt nur Langeweile; damit entspricht er anderen Gestalten in Büchners Werk (Danton mit seiner berühmten Auslassung über das Anziehen [2. Akt, 1. Szene], Lenz, Leonce). Die Langeweile ist Ausdruck einer sinnlos gewordenen Welt, die verändert werden muss, denn das Leben besteht nach Büchner „nur in Versuchen, sich die entsetzlichste Langeweile zu vertreiben". Deshalb müsse man „die Bildung eines neuen geistigen Lebens im Volke suchen"[54].

---

53 Ob dieser Barbier ursprünglich die Stelle von Woyzeck einnehmen sollte, ist umstritten (vgl. Bornscheuer, S. 32), allerdings auch bedeutungslos. Wichtig ist, dass Woyzeck auch Barbier war, Büchner ihn aber schließlich nur noch Soldat sein lässt, der seinen Hauptmann rasiert.
54 Brief an Gutzkow von 1836. In: Bergemann, S. 435.

3.5 Sprachliche und sachliche Erläuterungen

LASSET DIE KINDLEIN (18, 6)	Wenn es um seinen Sohn geht, kann Woyzeck klar, deutlich, grammatisch sauber und logisch reden. Wiederum weist er seine Bibelkenntnis aus, das Zitat findet sich als Jesu Wort im NT bei Markus (10, 14), Matthäus und Lukas.
SO MÜSSTEN WIR DONNERN HELFEN (18, 18)	Büchner greift ein sozialkritisches Motiv des elsässischen Aufklärungsdichters Gottlieb Konrad Pfeffel (1736–1809) auf, der in dem Gedicht *Jost* geschrieben hatte: „Wir armen Bauern werden wohl/im Himmel fronweis donnern müssen." Das Motiv war in der zeitgenössischen Literatur verbreitet und geläufig.[55]
MORAL, TUGEND (18, 14 UND 19 FF.)	Beide Begriffe, im Vorfeld der Französischen Revolution zentrale Werte und Leitbegriffe der europäischen Aufklärung, haben um 1830 ihre Bedeutung aufgegeben, da die Inhalte verloren gegangen sind.
ANGLAISE (19, 1)	Gehrock, Kleidung bei Festlichkeiten.
DISKURS (19, 9)	Gespräch, Unterhaltung, Erörterung.
FEDERBUSCH, WEISSE HANDSCHUH (19, 21 F.)	Ausstattungsstücke des Tambourmajors zum festlichen Aufmarsch der Militärmusik; die Tambourmajore hatten neben der Leitung des Musikkorps kaum eine andere Aufgabe, als zu repräsentieren.
SAPPERMENT (19, 27)	Ursprünglich: Fluchwort aus „Sakrament", später wie auch „sapperlot, sackerment" Ausruf des Erstaunens, heute veraltet.
TODSÜNDE (20, 20)	Sünde, für die nach theologischem Moralverständnis der geistliche Tod (Verlust der Gnade) die Strafe ist; eine der sieben Todsünden ist die Wollust.
MUSCULUS CONSTRICTOR VESICAE (21, 16)	lat.: Blasenschließmuskel.

---

55 Vgl. Kurt Krolop: *„Im Himmel donnern helfen"*. In: Wiss. Zeitschrift der Martin-Luther-Universität Halle-Wittenberg. Gesellschafts- und Sprachwissenschaftliche Reihe, 12/1963, S. 1049 f.

3.5 Sprachliche und sachliche Erläuterungen

DEM WILLEN UNTERWORFEN, FREI, INDIVIDUALITÄT ZUR FREIHEIT (21, 16 FF.)	Die Begrifflichkeit gehört zur klassischen deutschen idealistischen Philosophie, die mit der freien Selbstbestimmung und dem bewusst eingesetzten Willen den Unterschied des Menschen zum Tier zu beschreiben versucht. Büchner setzte gegen diese idealistische Ansicht seinen materialistischen Natur-Begriff, der den Menschen als mindestens teilweise abhängig von seinen Trieben erklärt, und lädt ihn sozial auf. Dabei orientierte er sich nicht an Hegel, dessen Dialektik er ablehnte und für „Taschenspielerkünste" hielt[56], obwohl er sie als Publizist und Ästhetiker selbst anwandte.
HARNSTOFF, SALZSAURES AMMONIUM, HYPEROXYDUL (21, 24 F.)	Es geht um Woyzecks Erbsen-Diät und deren Wirkung auf seinen Urin, in dem Harnstoff neben Wasser den größten Anteil hat. Unklar ist die Funktion des Hyperoxyduls. Der Begriff war zu Büchners Zeit unbekannt[57], könnte also eine Büchner'sche Ironisierung, die allerdings kaum verständlich gewesen wäre, oder Hinweis auf einen erfolgsbesessenen Experimentalphysiologen sein. Die Ansammlung von Fachbegriffen vergrößert die Distanz zwischen dem Doktor und Woyzeck, der sich zu retten versucht, indem er den chemischen Begriffen seine Wahnvorstellungen (Feuer vom Himmel, Schwämme) entgegensetzt.
PROTEUS (22, 11)	Kleines Lebewesen (Amphibie oder Amöbe). Der Name stammt von dem griechischen Meergott Proteus, einem vielgestaltigen Verwandlungskünstler, Wahrsager, Meergreis und Hirten der Robben, der sich durch ständige Verwandlungen allen Begegnungen entzog.
ABERRATIO, ABERRATIO MENTALIS PARTIALIS, DIE ZWEITE SPECIES (22, 25 UND 31 F.)	Abweichung, teilweise geistige Verwirrung der zweiten (also stärkeren) Art.

---

56 Mitteilungen Ludwig Wilhelm Lucks. In: Bergemann, S. 590.
57 Vgl. die Recherche bei Bornscheuer, S. 12 ff.

3.5 Sprachliche und sachliche Erläuterungen

SCHWÄMME (22, 27)	Vgl. auch S. 40 und 67 der Erläuterung. In H 2, 6 erklärte Büchner die Figuren der Pilzmyzels und sprach von Ringen, Linien und Kreisen (72, 32 f.)
MENAGE (23, 8)	Truppenverpflegung. Da Woyzeck nur Erbsen essen darf, kann er sich das Verpflegungsgeld auszahlen lassen und Marie geben.
APOPLECTISCHE CONSTITUTION, APOPLEXIA CEREBRALIS (24, 1 FF.)	Zum Schlaganfall neigende Beschaffenheit, Gehirnschlag.
CITRONEN IN DEN HÄNDEN (24, 17)	Als Sitte beschrieben in Jean Pauls *Titan* (2. Band, 26. Jobelperiode, 101. Zykel): Danach bekommen im Todesfall die Leiche, Pfarrer und Küster eine Zitrone in die Hand, bei Trauungen die Braut und die Geistlichkeit. Sie ist Zeichen der irdischen und himmlischen Erquickung.
SARGNAGEL, EXERCIRZAGEL (24, 19 UND 25)	Doktor und Hauptmann gehen beleidigend miteinander um. Das wird in anderen Fassungen noch deutlicher (74 ff., H 2, 7). Der Hauptmann sieht im Doktor jemanden, der ihn in den Sarg bringt, der Doktor im Hauptmann einen, der nicht die Wissenschaft, sondern nur das stupide Reglement (Exerzieren galt als besonders geisttötend) im Kopf (wie zur Zeit der alten Zöpfe; Zagel = Zopf, Büschel) hat.
PLINIUS (25, 5)	Wahrscheinlich Verwechslung von Plinius dem Älteren mit Plutarch, der das Abrasieren der Bärte vor der Schlacht auf Alexander den Großen zurückführte, der verhindern wollte, dass sich die Gegner daran festhalten.[58]
SAPEUR (25, 12)	Pionier, Schanzsoldat.
FRAU WIRTHIN (27, 5)	Anzügliches Volkslied *Das Wirtshaus an der Lahn* mit derb-sexuellen Inhalten; Büchner zeichnete die Strophe vermutlich erstmals auf.

---

58 Bergemann, S. 706.

3.5 Sprachliche und sachliche Erläuterungen

DIE MENSCHER DÄMPFEN (27, 12 F.)	Die Wendung bedeutet: die leichtfertigen Frauen (auch: Huren) dampfen vor Wollust. Später spricht Woyzeck vom „heiß, heiße(n) Hurenathem" (36, 15 f.).
ICH HAB EIN HEMDLEIN AN (28, 6)	Als Lied nicht bekannt, vielleicht auch nur sinnloses Spiel in Vorbereitung der Predigt des Handwerksburschen; später singt der Tambourmajor ähnlich unsinnig (31, 21 f.). Sie wären dann von gleichem Sinn und Geist.
EIN LOCH IN DIE NATUR MACHEN (28, 11 F.)	Vermutlich im Sinne: „Soll ich dich verletzen?" Die Szene ist aufgeheizt und aggressiv, ähnlich auch in *Dantons Tod* (2. Akt, 6. Szene), wo revolutionäre Bürgersoldaten registrieren, dass sie in anderer Leute Körper Löcher gemacht hätten, aber „noch kein einziges in unsern Hosen zugegangen" sei (Bergemann, S. 47), die Revolution ihnen also noch nichts gebracht hat.
BOUTEILLEN (28, 19)	franz.: Flaschen.
EIN JÄGER AUS DER PFALZ (28, 22 FF.)	Das Lied *Ein Jäger aus Kurpfalz* ist seit 1763 nachgewiesen und in zahlreichen textlichen Varianten verbreitet. Felix Mendelssohn Bartholdy nannte es in einem Brief an Fanny Hensel das „pfälzische Nationallied", das von Regimentsmusikern als Ständchen und als Marsch gebraucht werde.[59]
PREDIGT AUF DEM TISCH (29, 13)	Parodie einer Predigt mit zahlreichen direkten Zitatmontagen aus AT und NT.
WEISSBINDER (29, 19)	Anstreicher, Maler.
ÜBER 'S KREUZ PISSEN, DAMIT EIN JUD STIRBT (29, 29 F.)	Antisemitische abergläubische Vorstellung[60]; auch Ausdruck der reaktionär-konservativen Haltung der Handwerksburschen, die dadurch auch für antisemitisches Denken anfällig werden.

---

59 Bernd Pachnicke (Hrsg.): *All meine Gedanken. Deutsche Volkslieder.* Leipzig: Edition Peters, 1980, S. 46 f.
60 Vgl. Bornscheuer, S. 21.

3.5 Sprachliche und sachliche Erläuterungen

IN EINEM BETT (30, 12)	In den Gutachten über Woyzeck wird berichtet, dass er, wie es in Kasernen üblich war, mit einem anderen Soldaten sich ein Bett geteilt habe.[61]
DUNKELBLAU PFEIFEN (31, 19 F.)	Nach den Clarus-Gutachten wusste Woyzeck mit dieser Beleidigung nichts anzufangen[62], Clarus ordnete sie dem „niedrigen Pöbel" Leipzigs zu, und Büchner konnte sie aus den Gutachten erfahren. Überzeugender ist die Erklärung, man spreche so in Südhessen verächtlich von einem Erfolglosen.[63]
BLÄTTERT IN DER BIBEL (32, 19)	Marie liest im NT: im 1. Brief des Petrus 2, 21, Johannes 8, 3–11. Sie fleht um Hilfe ähnlich Gretchens Gebet in Goethes *Faust I*, V. 3587–3619.
DIE GOLDNE KRON, KÖNIGIN IHR KIND, BLUTWURST (33, 4 FF.)	Versatzstücke aus Märchen, ohne wörtlich zu entsprechen (vgl. Anmerkung zu „Neuntödter", 35, 8 ff.): die goldne Krone als Attribut verschiedener Märchen, das Kind aus dem Grimm'schen Märchen *Rumpelstilzchen*, Blut- und Leberwurst ebenfalls aus dem Grimm'schen Märchen *Die wunderliche Gasterei*. Es sind bedrohliche Situationen, die in diesen Märchen beschrieben werden. Marie wird noch angstvoller und bietet sich als Sünderin zur Buße an wie die Sünderin Maria Magdalena im NT (Lukas 7, 37–38), die die Füße Jesu mit ihren Tränen wäscht und mit ihren Haaren trocknet.
KAMISOLCHEN (33, 20)	Unterjacke, kurze Jacke; gehörte nicht zur Montur (Soldatenbekleidung).
ES WAR EINMAL (35, 8 FF.)	Wie der Narr Karl montiert nun die Großmutter verschiedene Märchen: *Die sieben Raben*, *Sterntaler* u. a. Aus der Montage entsteht ein neues Märchen, das eine ausweglose Situation beschreibt.
GERRT (35, 11 UND 22)	mundartlich: laut weinen (Deutsches Wörterbuch V, 3733).

---

61 Mayer 1963, S. 88 f.
62 Ebd., S. 101.
63 Dedner, S. 58.

3.5 Sprachliche und sachliche Erläuterungen

NEUNTÖDTER (35, 18)	Volkstümliche Bezeichnung für den Rotrückenwürger; Vogel, der seine Beute auf Schlehen- und Heckendornen spießt.
HAFEN (35, 20)	süddt.: Topf, auch in der Bedeutung „Nachttopf".
AM ROTHEN KREUZ (39, 9)	Kreuz im Darmstädter Stadtwald, zu Büchners Zeit aus Holz, heute aus Stein. Kreuze dieser Art deuten oft als Sühnekreuze auf Morde hin und finden sich überall. Indem die Kinder die Ermordete dort suchen wollen, verbinden sie das schreckliche Geschehen mit einem Schauersymbol.
ROTHE SCHNUR UM DEN HALS (39, 19)	Bereits im frühen deutschen Schrifttum das Kennzeichen Enthaupteter, die wiederbelebt wurden oder auferstanden.

3.6 Stil und Sprache

ZUSAMMEN-FASSUNG

→ Woyzecks Sprache unterliegt kaum einer sprachlichen Logik und hebt sogar Gesetzmäßigkeiten auf, Zeichen für eine **zunehmende Agrammatik und Sprachlosigkeit**.
→ Woyzecks Tat und Ende, soweit sie deutlich sind, werden metaphorisch in allen Szenen vorbereitet (**metaphorische Vorbereitung**). Sie sind von Todesbildern – Metaphern oder Reflexionen über den Tod – durchzogen.
→ Die Beschreibung als **windschiefer Dialog** ist für die Gespräche der Personen treffend. Die Dialoge sind in Wirklichkeit Monologe; die das Drama üblicherweise organisierende Wechselrede gibt es nicht. Dialogansätze werden durch Formen wie Lieder, Märchen, Predigten und Reden zerstört. Die Gestalten bemühen sich um Gespräche, werden aber immer auf sich selbst zurückgeworfen bzw. können einander nicht verstehen, da sie unterschiedlichen sozialen oder geistigen Gruppen angehören.
→ **Fach- und Sondersprachen** werden einbezogen.

Alltagssprache und nichtsprachliche Zeichen

Bibel als Grundwissen der Armen

Woyzeck verwendet alle Möglichkeiten der **Alltagssprache**. Nirgends ist bei ihm oder in seinem unmittelbaren Umfeld die hohe Sprache der Gebildeten oder der Tragödie zu hören. Woyzeck, der kaum Bildung genossen hat, kennt sich lediglich in der Bibel aus, dem Grundwissen der armen Menschen jener Zeit, beruft sich auf sie und zitiert aus ihr. Die Bibel prägt seinen Sprach-

3.6 Stil und Sprache

schatz. Er zitiert bevorzugt Todesahnungen und geheimnisvolle Strafandrohungen. Es ist die Vorstellung von dem unmittelbar bevorstehenden Jüngsten Gericht, die seine geistige Welt bestimmt. Ähnlich wird das Sprachvermögen Maries aus der Bibel gespeist (32 f.); ihre größeren Möglichkeiten gegenüber Woyzeck werden sprachlich durch die von ihr eingebrachten Lieder, teils sogar sexuellen Charakters (15), erkennbar.

Maries größeres Sprachvermögen

Die Dialoge sind nicht dramatisch organisiert, sondern erscheinen zufällig, wobei Beginn und Ende geradezu willkürlich erscheinen. Es sind dramaturgisch und sprachlich Momentaufnahmen aus einem größeren Geschehen. Auch deshalb konnten sich die Naturalisten, die das zur Theorie ausweiteten und Jargon sowie Dialekt breiten Raum gaben, so entschieden auf Büchner berufen. **Das sprachliche Wertesystem** der sozial Schwachen – Woyzeck und sein Umfeld – wird über **Zitate** eingebracht: Die Gruppe der Armen, zu der Woyzeck und Marie gehören, ist sprachlich unbeholfen und oft nicht in der Lage, sich problemlos zu artikulieren. Aber sie drängen zur bildhaften Sprache (Bibel), zur Volkspoesie, zum Volkslied und Märchen. Dabei können sie auf vorgefertigte Versatzstücke zurückgreifen, die sie nicht zu bilden, sondern nur den Situationen aufzulegen brauchen. Deshalb spielen diese sprachlichen Elemente bei ihnen eine so große Rolle, angemessen der sozialen Quantität der Gestalten. Das Zitat aus volkstümlicher oder besonders bildhafter Literatur ist bei Büchner das adäquate Ausdrucksmittel der einfachen Menschen. Der Anteil **nichtsprachlicher Bestandteile** ist bei den sozial Deklassierten wie Woyzeck besonders groß. Da die meisten Gestalten nur bedingt Fähigkeiten des sprachlichen Ausdrucks haben, setzen sie andere Verständigungsmittel ein. Sie stampfen (9, 18), starren (9, 25; 20, 10; 34, 3), demonstrieren Besitz (14, 27 f.), zeigen heftige Erregungen wortlos (29, 1 ff.) und beschränken sich auf Ausrufe und Laute (10,

Dialoge als Momentaufnahmen

Zitat als Ausdrucksmittel des einfachen Menschen

3.6 Stil und Sprache

11 f.). Neben der Szenenfolge, die eine Ordnung bildet, wird eine zusätzliche sprachliche Ordnung dadurch geschaffen, dass das sprachliche Material (Monolog, Dialog) in der Situation, aus der heraus gesprochen wird, von nichtsprachlichen Bestandteilen (Gestik, Mimik) mehrfach begleitet wird. Das ist für die Dramatik, die zuerst auf Sprache angewiesen ist, völlig neu.

Gestik und Mimik

Entsprechend der Hilflosigkeit des Individuums, die bei vertieften kritischen Einsichten in gesellschaftliche Beziehungen im nachklassischen Drama größer wird, entwickelt sich auch dessen Sprachlosigkeit. Woyzeck ist ein treffendes Beispiel. Nicht nur Bewegungshinweise finden sich hier, sondern auch Handlungen werden beschrieben: „Woyzeck tritt herein, hinter sie. Sie fährt auf, mit den Händen nach den Ohren." (15, 25 f.) Woyzeck verschwindet aus der Handlung, indem zwischen monologisierendem Selbstgespräch und Handlungsbeschreibung gewechselt wird: „ ... das Messer, das Messer, hab ich's? So! Leute – Dort. (er läuft weg)" (39, 24 ff.); „So, dahinunter! (er wirft das Messer hinein) Es taucht in das dunkle Wasser, wie Stein!" (40, 3 f.)

Woyzecks Sprachlosigkeit

Metaphorische Vorbereitung

Woyzecks Ende, soweit es deutlich ist, wird metaphorisch in allen Szenen vorbereitet. Sie sind von Todesbildern – Metaphern oder Reflexionen über den Tod – durchzogen. In der 1. Szene (Freies Feld) rollt ein Kopf (Hinrichtungsmetapher), liegt auf Hobelspänen (Todessymbol), und unter Woyzeck ist es „hohl" (Grabsymbol). Die Vision von den Posaunen des Himmels und dem Feuer erinnert an die Apokalypse (Offenbarung Johannis 8, 7–10) und das Jüngste Gericht mit den aufbrechenden Gräbern („Alles hohl da unten" 9, 19 f.); schließlich erscheint Woyzeck die Welt als „tot". Selbst das einmontierte Volkslied (9, 12 f.) handelt vom Tod, wenn man die anderen Verse erinnert: „Als sie sich nun satt ge-

Todessymbole

3.6 Stil und Sprache

fressen hatten, setzten sie sich nieder, bis dass der Jäger, Jäger kam: und schoss sie nieder."

Windschiefe Dialoge

Der Begriff des windschiefen Dialogs („windschiefes Gespräch"[64]) geht auf Hans Mayer zurück und beschreibt die Gespräche der Personen, zwischen denen „keine Verständigung möglich (ist). In schauerlicher Einsamkeit, in letztem Missverstehen reden die Menschen aneinander vorbei"[65]. Die Dialoge sind in Wirklichkeit Monologe; die das Drama organisierende Wechselrede gibt es nicht. Oft treten an die Stelle der Dialoge Lieder, Märchen, Predigten und Reden, die keinen Dialogpartner benötigen. Die Gestalten bemühen sich um Gespräche, werden aber immer auf sich selbst zurückgeworfen bzw. können einander nicht verstehen, da sie unterschiedlichen sozialen oder geistigen Gruppen angehören. Wenn in der 1. Szene (*Freies Feld*) Woyzeck und Andres miteinander sprechen, entsteht daraus kein Dialog, da sie aneinander vorbeisprechen.

Aneinander vorbeisprechen

Woyzecks sprachliche Grenzen werden in den Strukturen erkennbar, die er sich schafft: So versichert er sich des Gesagten durch Wiederholung („ ... still! ... Still! Es geht was! ... Die Freimaurer! ... Red was! Andres! ... Wie hell!" (9, 10–26) und Prolepsen (Wiederaufnahme eines Substantivs durch ein Pronomen oder Adverb): „ ...den Streif da über das Gras hin, da rollt Abends der Kopf" (9, 5 f.). In der populären Dichtung wird die Prolepse (Vorausdeutung) oft zum Stilprinzip (wie in Eichendorffs Lied *In einem kühlen Grunde, **da** geht ein Mühlenrad*).

Wiederholungen und Prolepsen

---

[64] Mayer 1960, S. 414.
[65] Ebd., S. 333.

3.6 Stil und Sprache

Spracharten

Fach-, Literatur- und Alltagssprache

Fachsprache des Arztes – musculus constrictor vesicae, apoplexia cerebralis usw.: für den Arzt sind die Menschen seiner Umgebung nur Fälle wie für den Hauptmann nur Uniformierte („Kerl, will er erschoßen werden …?" 26, 1). Auch grammatisch werden hier summierende Reihen gebaut („starr, gespannt, zuweilen hüpfend" 26, 5 f.)

Hoch- und Literatursprache werden selten und nur dann verwendet, wenn die Intellektuellen des Stücks zivil sein wollen und ihre Bildung herausstellen. Dann wird ein sinnentleertes philosophisches und ethisches Vokabular eingesetzt, das in seiner grammatischen Sicherheit den Abstand zu den sozial tiefer Stehenden ausweist.

Die Alltags- und Umgangssprache wird von den meisten Gestalten im alltäglichen Verkehr miteinander gesprochen.

Sprachliche Mittel

Neben der Semantik und Grammatik fallen als besondere sprachliche Formen auf:

→ unvollständige Sätze (**Ellipsen** wie „Schön Wetter", 27, 10 usw.)
→ **Prolepsen** und Rückfragen („Weiß ich's?", 35, 27) sowie echte eingliedrige Sätze („Still!", 9, 14) werden verwendet. Diese sprachlichen Erscheinungen werden in der Literatur nur zu besonderen Zwecken benutzt; hier dominieren sie und werden so funktional der vorherrschenden sozialen Schicht gerecht (Woyzeck, Marie, Tambourmajor usw.).
→ Die Umgangssprache ist dialektal hessisch gefärbt (Verneinungen „nit", Elisionen = e-Auslassungen, Diminutive = Verkleinerungen u. a.).
→ **Jargon** (Weibsbild, Sapperment u. a.)

3.6 Stil und Sprache

→ **Oxymoron** (scheinbar widersinnige oder unlogische Wortverbindung) „viehische Vernunft" und „ganz vernünftige Viehigkeit" (12, 21 f.; 14, 2 f.), „ein thierischer Mensch" (14, 14 f.), Woyzecks „die Hölle ist kalt" (25, 31), auch absichtlich Widersinniges wie der Wind aus „Süd-Nord" (17, 24) des Hauptmanns.

→ **Tautologie** („Anfang von Anfang ... commencement von commencement", 13, 7 ff., „Moral das ist wenn man moralisch ist", 17, 30 f.) und

→ **Zeugmata** (Verbindung nicht zusammengehörender Wörter wie „Was der Mensch Quasten hat", 13, 12: der Mensch hat keine Quasten, nur seine Kleidung).

3.7 Interpretationsansätze

ZUSAMMENFASSUNG

Interpretationsansätze bilden unter anderem:
- → Woyzeck als Beispiel eines deformierten Menschen;
- → Woyzecks Berufung auf seine Natur gegen erstarrte Konventionen;
- → Woyzecks soziale Stellung und seine Entsozialisierung;
- → die Zerstörung der privaten Sphäre Woyzecks durch gesellschaftliche Determinationen;
- → Woyzeck und Büchners Auffassung vom „Fatalismus".
- → Die Gesellschaftskritik Büchners berührte Probleme des entstehenden Kapitalismus. Als Ursache dieser Widersprüche erkannte er die ungerechten Verteilungsprinzipien der bürgerlichen (kapitalistischen) Gesellschaft, für ihn im Widerspruch von Arm und Reich, „Hütten" und „Palästen" gegenwärtig.

3.7 Interpretationsansätze

Der Mensch:
Deformation eines Menschen zum animalischen Wesen, Woyzeck leitet seine Handlungen aus seiner **Natur** ab.
Repräsentant einer **Generation**, die von Revolution, Krieg, Fremdherrschaft und europäischer Neuordnung bestimmt wurde.
Woyzeck ist Plebejer und **Proletarier.**

Die Zeit:
„Tugend" ist ein zentraler Wert der Aufklärung,
„Natur" – vom Sturm und Drang favorisiert.
Determination des Menschen, die durch die soziale Determination ergänzt wird.
Naturwissenschaft mit großen Neuerungen.

Woyzeck

Soziale Bedingungen:
Woyzecks soziale Stellung und seine Entsozialisierung als neue Qualität in der Literatur.
Abhängigkeit der privaten Sphäre von der gesellschaftlichen, in der er von Vorgesetzten abhängig ist.
Der „grässliche Fatalismus der Geschichte"

Die Moral:
Gegensatz Tugend und Natur, die durch Triebe steuert.
Woyzecks Natur entwickelt Stimmen, die Triebe oder zerstörerische Handlungen auslösen.
Die Zerstörung des sozialen Wesens.

Ansätze möglicher Interpretationen

3.7 Interpretationsansätze

Woyzeck als Beispiel eines deformierten Menschen

Georg Büchner gestaltete im *Woyzeck* die **Deformation eines Menschen** zum animalischen Wesen, weil ihm Besitz, soziale Anerkennung und lebensnotwendiges Geld fehlen. Ein Kernpunkt der **materialistischen Weltsicht Büchners** war: „Das Verhältnis von Armen und Reichen ist das einzige revolutionäre Element in der Welt."[66] Diese Erkenntnis brachte er in eine szenische Handlung. Als letzten Widerstand gegen seine Rückbildung zum Tier begeht Woyzeck einen Mord. Der Tambourmajor hatte ihn aus dem einzigen noch vorhandenen Umfeld, in dem er noch Mensch sein konnte, der Beziehung zu Marie, verdrängt. Die Ursachen dafür sah Büchner im „gesetzlichen Zustand", im „Gesetz, das die große Masse der Staatsbürger zum fronenden Vieh macht, um die natürlichen Bedürfnisse einer unbedeutenden und verdorbenen Minderzahl zu befriedigen".[67] Das er in diesem Zusammenhang eine neue Kunst schuf, war ihm nicht bewusst, zumal er sich als zeitgenössisch begriff, Elemente der Romantik in den *Woyzeck* aufnahm – Volkslieder und Märchen – und in Schriftstellern des Vormärz wie Karl Gutzkow Partner sah.

Gegensatz von Arm und Reich

Woyzecks Natur und die Konventionen (Tugend)

Der Name im Titel macht deutlich, dass sich die Szenenfolge um das Schicksal Woyzecks dreht. Woyzeck beruft sich bei seinen Handlungen auf **seine Natur**, die er gegen erstarrte Konventionen setzt. Büchners Hauptgestalt Franz Woyzeck verweist auf den historischen Johann Christian Woyzeck, der am 3. 1. 1780 in Leipzig als Sohn eines Perückenmachers geboren wurde. 1818 bekam er aus preußischen Diensten seinen Abschied und ging nach Leipzig

---

66 Brief an Karl Gutzkow, wahrscheinlich 1835. In: Bergemann, S. 418.
67 Brief Georg Büchners vom 5. April 1833 an die Familie. In: Bergemann, S. 389.

3.7 Interpretationsansätze

zurück, wo er geboren worden war. Der reale Woyzeck sank sozial auf die unterste Stufe, war obdachlos und lebte von Bettelei. Er hatte ein Verhältnis mit der Witwe Johanna Christiane Woost. Da diese ihn betrog, kam es zum Streit und 1821 zur Tötung. 1824 wurde Woyzeck hingerichtet.

Die Daten von 1780 bis 1824 reichen aus, um in Woyzeck einen Repräsentanten einer Generation zu sehen, die von Revolution, Krieg, Fremdherrschaft und europäischer Neuordnung bestimmt wurde. In seine Lebenszeit fielen: die Französische Revolution, das Ende des Heiligen Römischen Reiches Deutscher Nation, die Niederlage Österreichs bei Austerlitz, Napoleons Aufstieg und Niedergang, die Kriege Frankreichs bis nach Moskau, die Neuordnung Europas durch Napoleon, der *Code civil*, die Freiheitskriege und die Völkerschlacht. In dieser Abfolge diente Woyzeck bevorzugt als **Soldat in verschiedenen Armeen**. Wenn sie, wie es für Soldaten dieser Epoche die Regel war, innerhalb dieser Abläufe keine sozial gefestigte Stellung fanden, verloren sie rasch ihren sozialen Halt; Unrast und mühevoller Kampf ums Überleben trat an seine Stelle.

Woyzeck ist bei Büchner Plebejer und teilweise Proletarier, hat eine militärische Vergangenheit und eine militärische Gegenwart. Abhängigkeiten prägen seinen Charakter und seine Handlungen. Vom Vorgesetzten, dem Hauptmann, wird er moralisch disqualifiziert, vom Doktor im Menschenversuch missbraucht, von der Geliebten Marie betrogen, von ihrem Freier, dem Tambourmajor, lächerlich gemacht. Mit Woyzeck rückt der sozial am tiefsten Stehende der damaligen Gesellschaftshierarchie ins Zentrum des Geschehens; das ist eine Revolutionierung der künstlerischen Arbeit und der in ihr behandelten Stoffe und Themen. Woyzeck will den göttlichen Auftrag der in ihm erklingenden Stimmen erfüllen, die Sünde aus der Welt zu vertreiben und sieht sich durch seine Natur dazu bestimmt.

Marginalien: Repräsentant einer Generation; Soldatenleben; Plebejer und Proletarier

3.7 Interpretationsansätze

Gegensatz von Natur und Tugend

Der Gegensatz Tugend und Natur ist ein bestimmendes Element der Szenenfolge. Er dominiert den gehaltvollsten Dialog, den Woyzeck im Stück führt. In ihm erweist sich das entwürdigte Individuums dem Repräsentanten der Gesellschaft gegenüber als überlegen: Es ist der Dialog zwischen Woyzeck und dem Hauptmann. Woyzeck hat für den vom Hauptmann festgestellten Unterschied die einfache Erklärung: Natur habe jeder Mensch, sie steuere seine Handlungen durch Triebe. Tugend dagegen sei sozial bedingt, und nur Wohlhabende könnten sie sich leisten.

Dialog mit Hauptmann

Der Begriff „Tugend" erlebt bei Büchner einen **Bedeutungswandel gegenüber der Klassik**. Bei Goethe wurde die Sittlichkeit zur durch Bildung und Erziehung erworbenen Natur des Menschen und ermöglichte deshalb ein menschlich verstehendes Verhalten, Toleranz und gleichberechtigte Beziehungen zwischen Menschen. Bei Büchner ist die Tugend stattdessen Ausweis des Besitzes und stützt sittenwidriges Verhalten zwischen Menschen, wie den entwürdigenden Umgang des Doktors mit Woyzeck. Zu Tugend ist Natur der Gegensatz, die allerdings kein sittliches, sondern animalisches ungezügeltes Verhalten verstärkt.

Klassik vs. Realismus

Der Gegensatz macht den grundsätzlichen Unterschied zwischen Dramen der Klassik und Dramen des Realismus aus. „Tugend" ist ein zentraler Wert von der Aufklärung bis zur Klassik, „Natur" (bereits vom Sturm und Drang favorisiert) bekommt eine erweiterte Bedeutung und ist die naturwissenschaftlich bedingte begriffliche Umsetzung der Determination des Menschen, die durch die soziale Determination ergänzt wird. Die Szenen werden durch die Veranlagungen der Figuren geprägt. Woyzeck setzt die „Natur" gegen die Tugend; in der Schaubude begegnet ihm das Tier als „noch Natur, uniedeale Natur", und die ärztlichen Experimente kann er nicht durchhalten, weil ihm die „Natur" kommt. Die Natur ist die Prägung, die Woyzeck einerseits entsozialisiert, ande-

3.7 Interpretationsansätze

rerseits liebesfähig macht, denn Liebe ist Natur im Gegensatz zu käuflicher Lust, Sex, Voyeurismus und Erotik, die sich mit der herrschenden Tugend gut vereinbaren lassen. Das macht den Gegensatz von Woyzeck und Tambourmajor aus. Liebe/Erotik ist neben den sozialen Beziehungen ein wichtiges und präsentes Thema des Stücks und wird sprachlich umfangreich realisiert (etwa in den Wortfeldern „Fortpflanzen", „Zucht" und „Stier"/ „Löwe").

Liebe/Erotik

Aus Woyzecks Natur kommen aber auch die Stimmen, die unbefriedigte Triebe oder zerstörerische Einflüsse in ihm auslösen und ihn handeln, auch töten lassen. Woyzeck glaubt sich, da er der Natur verfallen und nur rudimentär sozial eingebunden ist, schicksalhaften Mächten ausgeliefert. Insofern sind Woyzecks Monologe oder Reden Ausdruck seiner Natur, die von Stimmen und Visionen bedrängt und vom Wahnsinn nicht weit entfernt ist. Niemals ist er zu analytischer Betrachtung fähig. Woyzeck hatte wegen seiner Natur in allen Bereichen des Lebens, auch bei der wirtschaftlichen Sicherung der Familie, große Mühe. Er begreift als Besonderheit seiner sozialen Situation die Erscheinung einer „doppelten Natur": Das ist einerseits die natürliche, noch nicht erzogene Triebhaftigkeit mit ihren Folgen; das ist andererseits die aus Woyzeck sprechende Verbindung zu den Stimmen, Woyzecks beginnender Wahnsinn.

Woyzecks „doppelte Natur"

Woyzecks Entsozialisierung

Woyzecks soziale Stellung und seine Entsozialisierung stellten eine völlig neue Qualität in Büchners Schaffen dar. Der Dramatiker war mit widersprüchlichen Denk- und Anschauungsweisen im Elternhaus aufgewachsen, hatte aber auch gegenseitige Toleranz erlebt. Seine philosophischen und politischen Ansichten waren radikaldemokratisch und nahmen frühsozialistische Anschauungen vorweg. Zwischen Wissenschaft und Kunst nahm er keine grund-

Vorläufer des Naturalismus

3.7 Interpretationsansätze

sätzliche Trennung vor, sondern ließ ihre Übergänge fließend werden. Wissenschaftliche und literarische Produktion standen in seiner kurzen Lebenszeit ständig nebeneinander, bedingten und überlagerten sich. Das machte ihn zu einem modernen Künstler und Wissenschaftler, der in vielem die Anschauungen des fünfzig Jahre später sich durchsetzenden europäischen Naturalismus (Zola, Ibsen, Leo Tolstoi, Gerhart Hauptmann und andere) vorwegnahm. Damit war er seinen Zeitgenossen voraus.

Woyzecks soziale und gesellschaftliche Determination

Zwei Sphären

Woyzeck hat eine private Sphäre, die aus Marie und dem Kind besteht, und eine gesellschaftliche, in der er Soldat und damit von Vorgesetzten abhängig ist. Diese beiden Sphären werden von ihm strikt getrennt, nicht aber von Marie. Bei ihr überschneiden sie sich: Der Tambourmajor aus der gesellschaftlichen Sphäre bricht in die private Sphäre ein und zerstört sie. Dadurch verliert Woyzeck seine mühsam aufrechterhaltene Orientierung und sein Gleichgewicht. Er versucht, diese Ordnung und Orientierung wieder herzustellen. Als Andres ihm („Kasernenhof") die Beschreibungen Maries durch den Tambourmajor mitteilt, erklärt Woyzeck

Dreischritt zur Kriminalisierung

„ganz kalt: ... Von was hat mir doch heut Nacht geträumt? War's nicht von einem Messer?" (113, 16 f., H 1, 8) Das deutet auf den Tambourmajor als Opfer hin; tatsächlich wird aber Marie das Opfer. Den Grund für Woyzecks Tat sah Georg Büchner in den Umständen der sozialen Situation und entwickelte daraus einen Dreischritt zur Kriminalisierung:

→ Lösung und Auflösung bestehender Bindungen (Marie, Christian);
→ gesellschaftliche Beziehungslosigkeit (Woyzeck als Versuchsobjekt);
→ Verbrechen (Tötung Maries).

3.7 Interpretationsansätze

Büchners Auffassung vom „Fatalismus"

Von besonderer Bedeutung im *Woyzeck* ist Büchners Auffassung vom „grässlichen Fatalismus der Geschichte"[68]. Der Begriff hat eine Vorgeschichte und einen besonderen Inhalt. Woyzeck war ein beispielhafter Charakter, den Büchner **nach der Natur und der Geschichte** – zwei für ihn unabdingbare Voraussetzungen für einen Charakter (Neujahrsbrief 1836 an die Familie) – zeichnen konnte. Die Frage, ob der Mensch in seinen Entscheidungen frei sein konnte oder ob seine Willensentscheidungen vorherbestimmt waren, wurde für Büchner zum zentralen Problem in klinischer, wissenschaftlicher und künstlerischer Hinsicht. Mit aussagekräftigem Material wurden Büchners Überlegungen durch sozialpolitische Analysen gestützt, die er für den *Hessischen Landboten* verwendete. Ein neues Vorgehen in der Publizistik und ein neues Reservoir für die Kunst überlagerten sich. Die Analysen gelangen Büchner auf der Grundlage umfangreichen Materials aus Hessen und seiner sozialen und politischen Ziele, die von den Vorstellungen der Französischen Revolution gespeist wurden. Bei seinen Studien geriet Büchner zwischen Hoffnung und Resignation in eine Krise, aus der die berühmte Formulierung vom „grässlichen Fatalismus der Geschichte" stammt. Der *Landbote* weist aus, dass sich Büchner diesem Fatalismus keineswegs hilflos unterwarf; das Fragment *Woyzeck* bietet den Ablauf eines Fatums, das beeinflussbar wäre. Dazu bedürfte es einer Revolution, die für Georg Büchner dann erfolgreich wäre, wenn die Massen der Armen gegen die Reichen siegten.

Büchners Fatalismus wird aus der Geschichte und aus der anthropologischen Erkenntnis gespeist, dass alles, was lebt, auch sterben muss. So lässt er es den Leierkastenmann in der 3. Szene singen: „Wir müssen alle sterben, das ist uns wohlbekannt!" (12,

„Grässlicher Fatalismus der Geschichte"

Freiheit oder Determination?

---

68 Brief an die Braut Wilhelmine Jaeglé vom November 1833. In: Bergemann, S. 395.

3.7 Interpretationsansätze

9). Die Zwanghaftigkeit des Todes, wenn Leben einmal da ist, veranlasst den Menschen zur Lebensplanung, da ihn andere Gestaltungsmöglichkeiten vertrösten (Jenseits, Erlösung usw.). Damit verbindet Büchner die Frage, wie weit der Mensch von Umständen abhängig ist, die „außer uns liegen"[69]. Diese Frage wurde auch zwischen dem Hauptmann und Woyzeck sowie zwischen Woyzeck und dem Doktor diskutiert. Das entscheidende Dokument Büchners zu diesem Thema war ein Brief vom Januar 1834 an seine Braut, der sogenannte *Fatalismusbrief*, in dem es hieß:

Der *Fatalismusbrief*

„Ich fühle mich wie zernichtet unter dem grässlichen Fatalismus der Geschichte. Ich finde in der Menschennatur eine entsetzliche Gleichheit, in den menschlichen Verhältnissen eine unabwendbare Gewalt, allen und keinem verliehen. Der Einzelne nur Schaum auf der Welle, die Größe ein bloßer Zufall, die Herrschaft des Genies ein Puppenspiel, ein lächerliches Ringen gegen ein ehernes Gesetz, es zu erkennen das Höchste, es zu beherrschen unmöglich ... Was ist das, was in uns lügt, mordet, stiehlt?"[70]

Resignative Haltung

Aus der doppelten Unterdrückung der Willensfreiheit durch Geschichte und Schicksal entsteht die pessimistische, sogar nihilistisch anmutende Resignation, eine Haltung, die mit philosophischen Entwicklungen des frühen 19. Jahrhunderts (**Schopenhauer**) übereinstimmte, spätere teils vorwegnahm (**Kierkegaard**). Der **anthropologisch begründete Fatalismus** ist aber nicht gleichzuset-

---

69 Vgl. dazu Mayer 1960, S. 330.
70 Bergemann, S. 395. Die Formulierung verwendet Büchner wortwörtlich, aber erweitert in *Dantons Tod* wieder: „Was ist das, was in uns hurt, lügt, stiehlt und mordet?". In: *Dantons Tod*. (Bergemann, S. 47). Die Datierung des Briefes ist unsicher. Hier wird sie von Hauschild 1993, S. 270, übernommen.

3.7 Interpretationsansätze

zen mit Büchners Geschichtsbild: Pessimistische und resignative Züge, die fatalistisch wirken können, sind darin nicht von Dauer, sondern nur für den Augenblick gültig. Seiner Enttäuschung über die deutschen Revolutionäre fügte er zum Beispiel an: „Hoffen wir auf die Zeit!" (Brief an Wilhelm Büchner vom Juli 1835) Hoffnung aber steht jedem Fatalismus entgegen. Die „entsetzliche Gleichheit", die Büchner in der Menschennatur erkannte, bedeutete die **Wiederholbarkeit der historischen Konfliktsituationen, die sich wie in Kreisen aufsteigend entwickelten**. Auch habe der Mensch keinen Einfluss auf seine Geburt; sei er aber einmal am Leben, ist der Tod unausweichlich. Das sind fatalistische Konstellationen von „entsetzlicher Gleichheit". Aber zwischen Geburt und Tod gebe es eine Gestaltung des Lebens. Schon die Zeitgenossen und Freunde Büchners wie Wilhelm Schulz wiesen darauf hin, dass der „grässliche Fatalismus der Geschichte" die Situation des Einzelnen beschreibe, nicht aber die Macht der planvoller Handlungen und der Volksmassen betreffe.

Enttäuschung über deutsche Revolution

Zu diesem Fatalismus, den man auch vereinfachend als Schicksal und Schicksalsergebenheit bezeichnen kann, gehören auch die Anleihen Büchners bei der **Schicksalsdramatik**. Das trifft etwa für den Platz zu, an dem Woyzeck Marie tötete (das Wäldchen, am „rothen Kreuz"): Es ist ein Ort, der mit allen Attributen des Furchtbaren ausgestattet ist, der **schaurige Platz der Schauerliteratur**, wie er sich in der Romantik herausbildete und besonders die schicksalhaften Romane und **Stücke der Schicksals- und Schauerdramatik (Zacharias Werner)** bestimmte. Dort vollzieht sich zwanghaft, was Woyzeck von den ihn bestimmenden Mächten auferlegt bekommt: Der Ort unterstreicht den geheimnisvollen Vorgang, z. B. dass Woyzeck Stimmen hört, bedingt ihn aber nicht. Büchner setzte den Verlust der Willensfreiheit des Menschen sprachlich um: Woyzeck handelt und spricht wie ein Getriebener.

Anleihen bei der Schicksalsdramatik

4. REZEPTIONSGESCHICHTE

ZUSAMMEN-FASSUNG

→ Mit dem beginnenden Naturalismus um 1875, betrieben durch Karl Emil Franzos, begann eine breite Rezeption des Werkes, die 1920 einen ersten Höhepunkt und mit Alban Bergs Oper *Wozzek* 1925 einen weiteren erreichte.

→ *Woyzeck* wurde für unterschiedliche geistige und politische Positionen benutzt.

→ Brecht hielt das Stück für eines der stärksten Werke der deutschen Literatur.

→ In der 2. Hälfte des 20. Jahrhunderts begann eine neue Phase der Rezeption, die durch neue Forschungen und von den Massenmedien (Verfilmungen) unterstützt wurde.

→ Der Georg-Büchner-Preis (seit 1923) bekam 1951 eine neue Qualität und gilt als höchste deutsche Auszeichnung für Literatur.

Rezeption durch den deutschen Naturalismus nach 1875

Uraufführung 1913

Seit der Uraufführung des *Woyzeck* 1913 gehört das Werk in der Theater- und Literaturgeschichte zu den meistzitierten deutschen Texten. Egon Friedell bescheinigte ihm in seiner *Kulturgeschichte der Neuzeit*: „Es gibt in deutscher Sprache kein grandioseres Volksstück als den *Woyzeck*."[71] Literaturwissenschaftler, Dichter, Künstler und ein breites Publikum kamen über seiner Deutung, Entschlüsselung und Weiterführung nicht zur Ruhe. Des-

---

71 Egon Friedell: *Kulturgeschichte der Neuzeit*. München: C. H. Beck'sche Verlagsbuchhandlung, 1927–1931, S. 1103.

halb kann nur punktuell auf die Rezeption hingewiesen werden, die an Unterschiedlichkeit und Vielfältigkeit fast einmalig ist.

Die Beschäftigung mit *Woyzeck* begann lange nach dem Tod des Dichters. Erst 1875 wurden einige Szenen des Stückes durch die Wiener Tageszeitung *Neue Freie Presse* bekannt.[72] Dabei stand die Öffentlichkeit Büchner keineswegs aufgeschlossen gegenüber. Als sich ein Jahr zuvor der österreichische Publizist Karl Emil Franzos (1848–1904) im Wiener *Fremdenblatt* für Büchner und seine Erzählung *Lenz* einsetzen wollte, lehnte der Chefredakteur ab:

Karl Emil Franzos

„Diese wüsten Bursche [Büchner und Lenz, R. B.] sind ja eigentlich gar keine Dichter, denn sie haben ja keine Form. Freuen wir uns doch daran, dass wir in Zeiten leben, wo gottlob die Kunstform des Dramas endlich feststeht! Warum nun an Leute erinnern, die eben zu wenig Kraft und Selbstzucht hatten, sich die Beherrschung dieser Form zu erringen?!"[73]

1878 publizierte die naturalistische Zeitschrift *Mehr Licht!* erstmals den gesamten Text des Stückes, das bis dahin weitgehend unbekannt war.[74] Karl Emil Franzos, der den Text entziffert, allerdings auch bearbeitet hatte (und dabei den Namen der Hauptfigur als „Wozzeck" interpretierte), gab eine Bewertung des Stücks:

Falsch entziffert: Wozzeck

---

[72] Vgl. zu dieser Rezeption: Gerolf Demmel: *Untersuchungen zur Aufnahme und Wirkung des Werkes Georg Büchners zwischen 1835 und 1890.* Dissertation Halle (Saale), 1981.
[73] Karl Emil Franzos: *Über Georg Büchner.* In: Deutsche Dichtung. Bd. 29, Berlin 1901, S. 290. Vgl. auch Demmel, S. 137 f.
[74] Die Zeitschrift *Mehr Licht!* war frühnaturalistisch geprägt und hatte juristische Angriffe u. a. wegen Majestätsbeleidigung zu bestehen. Sie hielt ein Jahr durch und veröffentlichte Texte Karl Bleibtreus, Julius Harts, M. G. Conrads und Wolfgang Kirchbachs; man beschäftigte sich mit Karl Gutzkow, Björnstjerne Björnson, Ibsen, Richard Voß, Turgenjew, Bret Harte. In den ersten drei Heften (5. Oktober –19. Oktober 1878) wurde Franzos' Einführung und Georg Büchners *Wozzeck. Ein Trauerspiel-Fragment* veröffentlicht.

"Insbesondere aber geht durch dasselbe ein Hauch der politischen und sozialistischen Überzeugungen, welche ihn [Büchner, R. B.] damals beseelten. Tiefstes Erbarmen mit den Armen und Elenden erfüllte sein Herz und der glühendste Wunsch, ihnen zu helfen. Dieses Erbarmen ist denn auch der Grundton, welcher – oft bizarr, fast zynisch und dennoch ergreifend – die Volksszenen des *Wozzeck* durchbebt. In knappsten Zügen findet sich da die beredte Schilderung der Not, welche den Menschen in dumpfer Rohheit gebannt hält."[75]

Die Naturalisten

„Kraftdramatiker"

Durch den deutschen Naturalismus wurde Büchner berühmt. Als ein Theoretiker des Naturalismus, Eugen Wolff, 1888 den Begriff der „Moderne" für die zeitgenössische naturalistische Literatur in Anspruch nahm, ordnete er in eine Reihe von „Kraftdramatikern" wie Grabbe, Hebbel, Otto Ludwig auch Büchner ein und gestand ihnen den „modernen realistischen Stil"[76] zu. Der Verein „Durch!" nahm 1887 Gerhart Hauptmann als Mitglied auf. Vier Wochen später hielt er einen Vortrag über Büchner und erinnerte sich, die „neue Ausgabe von Georg Büchner, besorgt durch Karl Emil Franzos"[77], besprochen zu haben. Es war keine Neuentdeckung Büchners, sondern ein Nachweis der Interessen Hauptmanns. Hauptmann irrte in seinen Erinnerungen. Als er den Vortrag am 17. Juni 1887 hielt, war die Ausgabe bereits acht Jahre auf dem Markt. Die Mitglieder des Vereines kannten sie. Von den Naturalisten war nur Karl Bleibtreu ein radikaler Büchner-Gegner. Es

---

75 Karl Emil Franzos: *Wozzeck. Ein Trauerspiel-Fragment von Georg Büchner.* In: *Mehr Licht!* Eine deutsche Wochenschrift für Literatur und Kunst. Im Selbstverlage des Herausgebers Silvester Frey (d. i. Emil Eppenstein), Berlin, den 5. Oktober 1878, 1. Jahrgang, Nr. 1, S. 6.
76 Eugen Wolff: *Die jüngste deutsche Literaturströmung und das Prinzip der Moderne.* Berlin 1888 (Literarische Volkshefte, Nr. 5), S. 37.
77 Gerhart Hauptmann: *Das Abenteuer meiner Jugend.* In: Gerhart Hauptmann: Sämtliche Werke (Centenar-Ausgabe), hrsg. von Hans-Egon Hass, Bd. 7. Berlin: Propyläen, 1996, S. 1055.

nahmen auch nur drei Mitglieder des Vereins an dem Vortrag teil; vier Wochen zuvor hatte man eine Sitzung bei drei Teilnehmern ausfallen lassen. Gerhart Hauptmanns Novelle *Bahnwärter Thiel* (1888) zeigte in den Dämonisierungen der Natur, was der Naturalist von Büchner gelernt hatte.[78] Für Gerhart Hauptmann blieb Georg Büchner lebenslang präsent. Allerdings traten schon in der naturalistischen Auflösungsphase Kritiker Büchners auf: Arthur Moeller van den Bruck (1876–1925), dessen Buch *Das Dritte Reich* (1923) dem Nationalsozialismus zu einem seiner Leitbegriffe verhalf, ordnete ihn den *Verirrten Deutschen* zu, bescheinigte ihm „sehr früh schon schwere, krankhafte Züge"[79], sah ihn an einer „Nervenkrise" untergehen und seine Gestalten als „Autopsychologie" des Büchner'schen Wahnsinns.

Ablehnung durch konservative Kritiker

Erster Höhepunkt um 1920 und verschiedene Rezeptionslinien

Bis 1930 hatte *Woyzeck* einen festen Platz in den Theaterspielplänen, dann brach nach 63 Inszenierungen zwischen 1918 und 1930 die Rezeption ab. Die Ursachen lagen in wirtschaftlichen Gründen und darin, dass das Stück inzwischen bekannt geworden und „abgespielt" war.[80] Überschaut man den Umgang von Dichtern und Theatern mit dem *Woyzeck* seit 1875, so wird kaum eine geistige Position ausgelassen:

→ Die Naturalisten, z. B. Peter Hille in seinen Essays, sahen in Georg Büchner sowohl inhaltlich als auch formal ein Vorbild, weil er den Menschen unter deterministischen Zwängen zeig-

---

[78] Zur Büchner-Rezeption im Naturalismus und der Erstveröffentlichung von Büchners *Woyzeck* in *Mehr Licht!* vgl. Rüdiger Bernhardt: *Die Herausbildung des naturalistischen deutschen Dramas bis 1890 und der Einfluss Henrik Ibsens*. Halle. Diss. 1968, Bd. 1, S. 73–77, Bd. 3, S. 35 ff.
[79] Arthur Moeller van den Bruck: *Verirrte Deutsche*. Minden i. W.: J. C. C. Bruns' Verlag, 1904, S. 119.
[80] Viehweg, S. 123.

te, seine dramatische Form die Zufälligkeit des Wirklichkeitsausschnitts betonte, seine literarischen Texte einen wissenschaftlichen Hintergrund hatten und die Berufung Woyzecks auf seine „Natur" dem Zugriff der Naturalisten auf die Wirklichkeit entsprach. „Natur"[81] war der Gegensatz zu Klassizismus. Daraus entwickelte sich eine Rezeptionslinie, die *Woyzeck* als Proletarierdrama verstand, als **Drama der sozialen Deklassierung und der daraus entstehenden Revolution**. Diese Linie fand 1947 in der Verfilmung *Wozzeck* (Buch und Regie: Georg C. Klaren) nach 1945 eine Fortsetzung, obwohl der Film expressionistische Formmittel einsetzte.

Woyzeck als Proletarierdrama

→ Naturalisten favorisierten in der *Freien Volksbühne* 1890 *Dantons Tod* und brachten 1895 in München Büchners *Leonce und Lena* auf die Bühne. Nach der Uraufführung des *Woyzeck* 1913 war das die Fortsetzung der naturalistischen Bewertung als soziale Tragödie, die sich mit der nationalen Geschichte vereinigen ließ.

→ Eine von **Heimatkunst und völkischer Literatur** bestimmte Lesart des Stückes verstand in den 1920er Jahren den *Woyzeck* „als deutsches Volkslied und als szenische deutsche Volksballade (...) von Büchner als typisch deutschem Dichterjüngling"[82], sie wurde zur Gegenkonzeption zur sozialpolitischen Deutung des Werks.

Der sozialkritische Charakter als „Missverständnis"

→ Daraus entwickelte sich eine politisch entschärfte Lesart, den *Woyzeck* als schauriges Märchen zu lesen und ihn so in die Nähe der Romantik zu rücken, begünstigt durch die Märchen-

---

81 Wenn nach 1933 die Sozialkritik durch „Natur" ersetzt wurde (vgl. Viehweg, S. 156), so war das ein völlig anderer Natur-Begriff und kann mit dem naturalistischen nicht gleichgesetzt werden. Auch die Berufung auf Julius Hart muss hinterfragt werden, weil Hart seit 1880 den naturalistischen Natur-Begriff vertrat.
82 Viehweg, S. 128.

elemente und Lieder, die Büchner in den Text eingebaut hatte. Diese Lesart mündete in einem **nationalsozialistischen Verständnis**, in *Woyzeck* eine „aus der deutschen Volksdichtung gewachsene naturhafte Volksballade"[83] zu sehen. Auch nach 1933 wurde *Woyzeck* aufgeführt; seine antibürgerliche Grundhaltung kam den Nazis entgegen, der sozialkritische Grundcharakter wurde nun als „Missverständnis"[84] betrachtet.

→ Im Gegensatz dazu betonte **Brecht den sozialen Gestus im *Woyzeck*.** Bertolt Brecht sah als Medizinstudent in Büchners *Woyzeck*, in Stücken Wedekinds und in Valentins Clownerien die ihn prägenden Bildungserlebnisse. Als Max Reinhardt ihm 1942 erklärte, Brechts *Furcht und Elend des dritten Reiches* erinnerten an Büchners *Woyzeck* und er halte Büchners Stück für das „stärkste drama der deutschen literatur"[85], trug Brecht das stolz in sein Arbeitsjournal ein. Er war selbst der Meinung, Büchners *Woyzeck* sei ein vollkommenes Stück. Als er im *Kleinen Organon für das Theater* seine Theorie zusammenfasste und seinen **Begriff „Gestus"** erläuterte, stellte er Beispiele für den Grundgestus zusammen, von dem aus alle Handlungen als soziales Verhalten im Gegensatz zum selbstbestimmten Verhalten einer Person ausgehen würden. Neben Shakespeare, Goethe und ihm war *Woyzeck* das vierte Beispiel: „Woyzeck kauft ein billiges Messer, seine Frau umzubringen."[86]

> Das „stärkste drama der deutschen literatur"

---

[83] Ebd., S. 157.
[84] Siegfried Melchinger im *Frankfurter Generalanzeiger* vom 3. 2. 1937, zit. nach: Ebd., S. 155.
[85] Bertolt Brecht: *Arbeitsjournal 1938–1955*. Berlin und Weimar: Aufbau-Verlag 1977, S. 271 (Eintragung vom 20. 5. 1942).
[86] Bertolt Brecht: *Kleines Organon für das Theater*. In: Schriften zum Theater, Bd. VII, Berlin und Weimar: Aufbau-Verlag 1964, S. 54.

Nach 1960 neue Phase der Rezeption

Friedrich Dürrenmatt führte Büchners szenischen Ablauf im *Woyzeck* bis zu seiner schlimmstmöglichen Wendung in seinem *Achterloo* (1983): Die Welt geht in einem Amoklauf des Irrsinns unter und erlebt ihr Waterloo, das Theater löst sich in Kabarettszenen und Gags auf. Woyzeck rasiert beim Rollentherapiespiel im Irrenhaus Napoleon, dem er dabei aber nicht auftragsgemäß die Kehle durchschneidet, sondern dafür den Geheimdienstchef Fouché umbringt. Die Welt ist zum Irrenhaus geworden. Dürrenmatt wollte ein „Endspiel" seiner Dramaturgie schaffen.

Zahllose Schriftsteller des 20. Jahrhunderts wären zu nennen, wenn es um die Rezeption von Büchners *Woyzeck* geht: Frank Wedekind, Rainer M. Rilke (über *Woyzeck*: „ein Schauspiel ohnegleichen"[87]), Georg Kaiser, Alfred Döblin (dessen Franz Biberkopf in *Berlin Alexanderplatz* ein literarischer Nachkomme Woyzecks ist) oder Anna Seghers (sie sah Büchner lebenslang als ihr großes Beispiel und rechnete ihn zu den Besten einer „erstaunlichen Reihe der jungen, nach wenigen übermäßigen Anstrengungen ausgeschiedenen deutschen Schriftsteller"[88]). Max Frisch hielt Büchners Sätze für Mottos, die „heute über fast ganz Europa hängen"[89]; Arnold Zweig urteilte: „Dieses Trauerspiel hat zum ersten Male den Helden unterhalb aller bisher dramenwürdigen Stände gefunden."[90] Das sah auch Elias Canetti, der in seiner Rede 1972 zur Verleihung des Büchner-Preises die „Entdeckung des Geringen" im *Woyzeck* begrüßte und diese als den „vollkommensten

---

[87] Rilke an Marie von Thurn und Taxis-Hohenlohe vom 9. Juli 1915 In: Rainer Maria Rilke, Briefwechsel mit Marie von Thurn und Taxis. Besorgt von Ernst Zinn. Zürich: Niehaus & Rokitansky und Insel Verlag, 1951, 1. Band, S. 426 f.).
[88] Anna Seghers: *Aufsätze, Ansprachen, Essays 1952–1962*. In: Anna Seghers: Gesammelte Werke in Einzelausgaben, Berlin und Weimar. Aufbau-Verlag, 1977–1980, Bd. 13, S. 36 f.
[89] Max Frisch: *Tagebuch 1946–1949*. Berlin: Volk und Welt, 1987, S. 172.
[90] Arnold Zweig: *Versuch über Büchner* (1925). In: Arnold Zweig: Essays (Ausgewählte Werke in Einzelbänden), Bd. 1, Berlin: Aufbau, 1959, S. 199 f.

Umsturz in der Literatur"[91] bezeichnete. Bei solcher Anerkennung und Zustimmung mutet Peter Hacks' Beurteilung wie Satire an. Hacks sah 1960 Büchner neben Shakespeare und Goethe, 1990 war er für ihn der „Drittkopf des deutschen Niedergangstrios. Kleist, Grabbe und Büchner sind von nichts ein Anfang."[92] Georg Büchner sei der Schüler Ludwig Tiecks und so mitverantwortlich für alle Schäden, die Hacks der Romantik aufbürdete, die er für das Reaktionärste und Gefährlichste hielt, was der Weltgeist hervorgebracht habe.

Peter Hacks: „Von nichts ein Anfang"

1925 wurde Alban Bergs Oper *Wozzeck* in drei Akten an der Berliner Staatsoper (Dirigent: Erich Kleiber) szenisch uraufgeführt, Begeisterung und Ablehnung waren die Reaktion. Eines der wichtigsten Werke des modernen Musiktheaters lebte von der **Diskrepanz des hohen musikalischen Stils und Aufwands und dem untersten sozialen Milieu**, in dem die Handlung spielt. Bergs Oper wird bis heute oft aufgeführt. Das Schicksal hatte Manfred Gurlitts Oper *Woyzeck* (1926) nicht; sie wird nur selten gespielt (z. B. 1985 als konzertante Aufführung in Wien).

Alban Bergs Oper Wozzeck

Seit den 1960er Jahren „kann mit gutem Recht von einer neuen Phase seiner [Büchners, R. B.] Rezeption und Wirkung gesprochen werden."[93] So wurde das Stück gleich mehrfach verfilmt:

Verfilmungen

→ Bereits 1947 hatte **Georg C. Klaren** für die DEFA Büchners *Woyzeck* (Filmtitel: *Wozzek*) verfilmt: mit Kurt Meisel in der Titelrolle, Helga Zülch als Marie und Paul Henckels als Doktor. Der Regisseur verstand das Werk als Parabel gegen Krieg und Menschenversuche und setzte Büchner im Film als Zeitgenossen und Kommentator ein. Der Film setzte expressionische

---

91 Dedner, S. 276
92 Peter Hacks: *Ein Motto von Shakespeare über einem Lustspiel von Büchner*. In: Peter Hacks: Die Maßgaben der Kunst. Gesammelte Aufsätze 1959–1994. Hamburg: Edition Nautilus, 1996, S. 355.
93 Schmid: *Kommentarband*, S. 9.

Formen ein und legte auf die Symbole Wert: Es wurde ein Film der Naheinstellungen.

- → 1966 spielte Hans Christian Blech in der Verfilmung **R. Noeltes** den Woyzeck.
- → 1978 drehte **Werner Herzog** *Woyzeck* mit Klaus Kinski in der Titelrolle und erreichte eine adäquate Umsetzung des oft jäh wechselnden Textes durch kühne Schnitte und harte Brüche.
- → 1965 inszenierte **Lothar Bellag** im Fernsehen der DDR *Woyzeck* (mit Ekkehard Schall in der Titelrolle, Jutta Hoffmann als Marie). Bei den Bühnenbildern ließ er sich von Zeichnungen Käthe Kollwitz' anregen.
- → Am 4. Mai 1981 sendete das ZDF eine Verfilmung des *Falls Woyzeck* (Regie: **O. Döpke**), eine Mischung aus Dokumentation und Büchner-Szenen.
- → Die Inszenierung 1980 von **Manfred Karge/Matthias Langhoff** am Bochumer Schauspielhaus mit dem neuen Titel *Marie. Woyzeck*, analog zu *Leonce und Lena*, wurde vom WDR 1982 aufgezeichnet und gesendet. Der Titel sollte darauf hindeuten, dass Marie die Figuren beherrscht und alles auf Sexualität zielt. Das Leben geht nach dem Mord, zwar ohne Marie und Woyzeck, weiter.

Klaus Kinski als Woyzeck

Ein besonders anspruchsvolles Projekt war das **Dresdner Büchner-Projekt 1982** am Staatstheater, bei dem man das Publikum in kurzer Zeit mit dem gesamten Büchner vertraut machen wollte und dazu ein Theaterfest veranstaltete. Die Vorstellungen waren so geplant, „dass an drei aufeinander folgenden Abenden Büchner gespielt wurde und der vielstündige ‚Theatermarathonlauf' in Etappen absolviert werden konnte. Jeder Besucher hatte die Möglichkeit, zu entscheiden, ob er *Woyzeck* oder *Lenz* sehen wollte, ob er sich *Dantons Tod* an diesem oder jenem Abend ansah, auch blieb es ihm überlassen, ob er nach Büchners Revolutionsstück die Agitationsszene *Der Hessische Landbote* miterleben wollte."[94]

Die Regisseure beschäftigte fortlaufend die zentrale Frage des Dichters nach der sozialen Determination Woyzecks. **Michael Thalheimer** verließ dabei Büchners Vorgaben, als er 2003 *Woyzeck* in Salzburg inszenierte, und machte aus Woyzeck einen „Serienkiller"[95]. Dadurch wurde Büchners soziales Anliegen in sein Gegenteil verkehrt: Jeder kritische Ansatz an den Gesellschaftsverhältnissen verschwand, und Büchner wurde zu einem Bürger, dem vor den Woyzecks Angst wurde. Die Kritik befand, diese Inszenierung sei „zweifellos die reaktionärste Auslegung, die dem *Woyzeck* bisher angediehen ist"[96].

Woyzeck als „Serienkiller"

Scheinbar Büchners Modernität bewahrend, tatsächlich aber nicht weit weg von Thalheimers Versuch war **Martin Kušejs** Inszenierung am Münchner Residenztheater 2007. Sie verzichtete ebenfalls auf die soziale Genauigkeit Büchners, dessen Text sie ebenfalls mit Texten anderer Autoren „anreicherte", ein Verfahren, das Büchners grandiosem Text misstraute. Die Kritik, immer im Banne von Büchners tatsächlicher Modernität, war auch hier sehr zurückhaltend und sah eine Inszenierung, „als habe jemand mit Kleister und Schere modische Teile zusammengefügt und die schwarze Ateliersoße des Orgienschocktheaters drübergegossen, dazwischen versteckt Trümmer von Büchner"[97].

Woyzeck im 21. Jahrhundert

Verbreiteter waren Versuche, den *Woyzeck* als Geschehen der unmittelbaren Gegenwart zu inszenieren, so 2004 in Magdeburg

---

[94] Ulrich Kaufmann: *Annäherungen an einen Dichter*. Zum Dresdner Büchner-Projekt 1982. In: Werner 1988, S. 259.
[95] Karl-Markus Gauss: *Woyzeck war kein Opfer. Er war Täter*. In: DIE ZEIT, Nr. 35, vom 21. August 2003.
[96] Ebd.
[97] Michael Skasa: *In den Müllberg gerammelt*. In: DIE ZEIT, Nr. 27, vom 28. Juni 2007, S. 48.

Berlin: Deutsches Theater Kammerspiele Berlin. *Woyzeck*. Autor: Robert Wilson, Tom Waits, Kathleen Brennan nach Georg Büchner
© ullstein bild – Lieberenz

(Regie: **Jan Jochymsnki**) und Stendal (Regie: Esther Hattenbach). Am Schauspielhaus Zürich wurde eine Fassung des *Woyzeck* von **Neil LaBute** aufgeführt (Regie: Wilfried Minks), in der *Woyzeck* zur Sprachröhre Büchners wurde, indem ihm auch Text mitgegeben wurde, den Büchner bei anderen Gelegenheiten geschrieben hatte. Auch hier wurde die historisch genau soziale Kritik Büchners in einen allgemeinen Tatbestand aufgeweicht: „Der Zürcher *Woyzeck* ist ein Geisterabend im Geistes des Verdachts: Wir entstammen dem Grauen; wir tragen es in uns."[98] Immer wieder waren es auch Studentenbühnen oder Studentenensembles, die sich mit *Woyzeck* beschäftigten und gute Inszenierungen veranstalteten.

---

98 Peter Kümmel: *Unter Verdacht*. In: DIE ZEIT, Nr. 28, vom 6. Juli 2006, S. 43.

2000 drang das Stück ins Musical vor: **Tom Waits und Robert Wilson** richteten in Kopenhagen Woyzeck zum Musical-Helden ab „und präsentierten ein grandioses Spektakel aus dem Geist der Jahrmarktsgaukelei"⁹⁹: die *Woyzeck*-Musical-Show.

Woyzeck-Musical-Show

Auch bildende Künstler setzten sich immer wieder mit dem Thema auseinander; der Leipziger **Bernhard Heisig** und der Österreicher **Alfred Hrdlicka** (1991) illustrierten in erregender Weise den Text.

Bildende Kunst

Büchner-Preis und -Forschungsstelle

Herausragend ist in der Wirkungsgeschichte der **Georg-Büchner-Preis**, der der namhafteste deutsche Literaturpreis ist. Er wurde 1923 als hessischer Staatspreis zur Kunstförderung gestiftet, zwischen 1933 und 1944 nicht verliehen, seit 1951 vergibt ihn die Deutsche Akademie für Sprache und Dichtung (Darmstadt) und machte Gottfried Benn zu ihrem ersten Preisträger. Zu den Preisträgern gehören Elias Canetti, Christa Wolf, Adolf Muschg, Heiner Müller, Durs Grünbein, Josef Winkler, Walter Kappacher und Wolfgang Hilbig. In Heiner Müllers Werk finden sich überall Spiegelungen und Brechungen der Werke Büchners. Wie aktuell, ja gegenwärtig er Büchners Stück sah, wurde in seiner Büchner-Preis-Rede *Die Wunde Woyzeck* (1985) deutlich:

Die Wunde Woyzeck

> „DIE WUNDE HEINE beginnt zu vernarben, schief; WOYZECK ist die offene Wunde. Woyzeck lebt, wo der Hund begraben liegt, der Hund heißt Woyzeck. Auf seine Auferstehung warten wir mit Furcht und/oder Hoffnung, daß der Hund als Wolf wiederkehrt."¹⁰⁰

---

99 Wolfgang Höbel: *Liebesmord auf Coney Island*. In: Der Spiegel Nr. 48/2000, S. 316 f.
100 Heiner Müller: *Die Wunde Woyzeck*. In: Heiner Müller: Material. Texte und Kommentare. Leipzig: Reclam, 1989, S. 115.

Preisträger 2000 war Volker Braun, der über den *Woyzeck* sagte:

> „,Jeder Mensch ist ein Abgrund': Woyzeck. Er sah nicht weit, er sah in sie hinein. Sie mußten aus sich selbst heraus; das war sein Problem, das nicht er löste. Den Abgrund überspringen konnte nicht der Einzelne im Ernst; der Sprung der Geschichte nur immer kann Lösungen bringen."[101]

2001 erhielt als erst achte Frau unter den 85 Preisträgern bis 2009 die Österreicherin **Friederike Mayröcker** den Preis, deren Experimentierfreudigkeit die Tradition Büchners nicht leugnet. 2005 folgte ihr **Brigitte Kronauer**.

Marburger „Forschungsstelle Georg Büchner"

1980 wurde eine eigene „Forschungsstelle Georg Büchner" an der Philipps-Universität Marburg gegründet. Im Entstehen ist eine **historisch-kritische Georg-Büchner-Ausgabe**, an der Burghard Dedner und Thomas Michael Mayer (gest. 2010) arbeiten, die alle bisher vorhandenen historisch-kritischen Ausgaben übertreffen wird: Für Büchners schmales Werk sind 18 Bände – zehn Bände, einige in mehrerer Teilbänden –, der *Sämtlichen Werke und Schriften* geplant, die 2012 vorliegen sollen.[102]

---

[101] Volker Braun: *Büchners Briefe*. In: Volker Braun: Texte in zeitlicher Folge. Bd. 5. Halle-Leipzig: Mitteldeutscher Verlag, 1990, S. 308.
[102] Georg Büchner: *Sämtliche Werke und Schriften*. Historisch-kritische Ausgabe mit Quellendokumentationen und Kommentar (Marburger Ausgabe), hrsg. von Burghard Dedner und Thomas Michael Mayer, Darmstadt 2000 ff., erschienen sind bisher die Bände 3–9, teils in mehreren Teilbänden.

Georg Büchner als Gegenstand der Dichtung (Auswahl)

1912	Robert Walser: *Büchners Flucht*
1915	Herbert Eulenberg: *Georg Büchner*
1919	Fritz Gross: *Georg Büchner. Stationen seines Lebens Mensch*
1929	Franz Theodor Czokor: *Gesellschaft der Menschenrechte*
1943	Theodor Heinz Köhler: *Die Reise nach Zürich*
1947	Georg W. Pijet: *Ein Komet stürzt ins Dunkle*
1949	Günther Felkel: *Unsterbliche Flamme*. Ein Drama um die letzten Stunden G. B.s
1950	Kasimir Edschmid: *Wenn es Rosen sind, werden sie blühen*, 1966 unter dem Titel: *Georg Büchner. Eine deutsche Revolution*
1956	Hans Jürgen Geerdts: *Hoffnung hinterm Horizont*
1969	Werner Steinberg: *Protokoll der Unsterblichkeit* Wolfgang Hildesheimer: *Interpretationen. James Joyce – Georg Büchner*. Zwei Frankfurter Vorlesungen
1972	Gaston Salvatore: *Büchners Tod*. Stück
1977	Frieder Venus: *Traumtanz*. Szenen aus dem 19. Jahrhundert
1979	Helga Schütz: *Addio, piccola mia* (Film, Regie: Lothar Warnecke)
1983	Friedrich Dürrenmatt: *Achterloo* (Komödie)
1988	Werner Makowski: *Schibboleth* (Woyzeck-Variation)

5. MATERIALIEN

Die Uraufführung fand am 8. November 1913 anlässlich von Georg Büchners 100. Geburtstag im Münchner Residenztheater statt. Sie fand wohlwollende, aber keine überschwängliche Zustimmung, in der man den Charakter einer Volksdichtung betonte:

„einfach wie ein Volkslied"

„Diese vielen kurzen, fast zusammenhanglosen Bilder, von denen einzelne nur aus einem einzigen Satz bestehen, sind in ihrer Gesamtheit von einer erschütternden tragischen Wirkung. Ganz krass naturalistisch sind diese Szenen, aber von einer Wirklichkeit, die hinter den Dingen steht.
Im Grunde ist es eine ganz banale Geschichte. Ein Soldat, der nichts hat, als sein Mädel und sein Kind, denen er alles gibt, was er hat, für die er schuftet und darbt, und als ihn dieser sein einziger Besitz verrät und betrügt mit einem schönen Mann, dem Tambourmajor, der mit langem Bart, wehendem Busch und weißen Handschuhen vor der Musik schreitet, da greift er in der Verzweiflung darüber zum Messer, sticht seinen Schatz tot und ertränkt sich im See. Es ist eine alte Geschichte, rührend und einfach wie ein Volkslied, und wie Volksliedmelodien klingt 's aus den einzelnen Szenen."[103]

Der Nationalsozialismus versuchte sich auch an *Woyzeck*. Stimmungsmalerei, auch Irrtümer seien die Folge des dämonischen Wesens Georg Büchners gewesen. Da er auch durch Fälschungen nicht „zu einem unmittelbaren Vorläufer des ‚Führers'"[104] gemacht werden konnte, ordnete man ihn in eine Reihe mit Friedrich Nietz-

---

[103] Colin Roß: *Münchener Uraufführungen*. In: Zeit im Bild, 11. Jg., Nr. 48 vom 26. November 1913.
[104] Lukács, S. 66.

sche, den Expressionisten und Strindberg, machte ihn zum Vorläufer der völkischen „Revolution", indem man Büchners Menschen als vom höheren Schicksal bestimmt sah.[105] Gegen diese Einordnung wandte sich 1937 der marxistische Literaturtheoretiker Georg Lukács:

Vorläufer der völkischen „Revolution"?

„Büchner gestaltet die physische und die ideologische Hilflosigkeit Woyzecks gegen seine Unterdrücker und Ausbeuter; also eine reale gesellschaftliche Hilflosigkeit, die vom Sein aus gestaltet ist, deren Wesen Woyzeck, wenn auch nicht klar sieht, so doch wenigstens ahnt."[106]

Immer wieder war das Stück auch ein Experimentiertext, mit dem man machte, was man wollte. Matthias Langhoff polemisierte gegen diese Misshandlungen („Nur wenige Werke der Literatur wurden mit soviel Erfolg so unnachgiebig wie der Büchner'sche *Woyzeck* misshandelt.") und gab selbst eine Interpretation:

„Büchners *Woyzeck* ist kein trauriges Märchen, er ist nur in die Hände von Märchenerzählern gefallen; der Versuch würde lohnen, ihn aus diesen Händen zu befreien. Dann wird man auch den Sinn des Märchens der Großmutter in *Woyzeck* verstehen, das ein Anti-Märchen ist und keine Moral besitzt und schon gar nichts erklären will; es ist grausam, aber nicht traurig, es spielt mit dem Fatalismus wie mit etwas Vertrautem ohne Erschrecken; es widersetzt sich der Ordnung – ein Endspiel, nicht als Zukunftsvision, sondern als lang andauernder Zustand."[107]

„kein trauriges Märchen"

---

[105] Ein Vertreter dieser Ansicht war Arthur Pfeiffer (*Georg Büchner. Vom Wesen der Geschichte des Dämonischen und Dramatischen*, Frankfurt a. M. 1934).
[106] Lukács, S. 82.
[107] Langhoff, S. 24.

Weiter als die Gegenwart	Der Büchner-Preisträger des Jahres 2000 Volker Braun hatte von Beginn seines Schaffens an eine intensive Beziehung zu Büchner und fühlte sich ihm verwandt. Mit Nachdruck stellte er das im Essay *Büchners Briefe* (1977) heraus, in dem er u. a. schrieb:

„Büchners Briefe lesend, muß man sich mitunter mit Gewalt erinnern, daß es nicht die eines Zeitgenossen sind. Er griff nicht nur über den Horizont der bürgerlichen Revolution hinaus: auch an schönen Punkten über den Horizont der sozialistischen. (An eben den Punkten geht auch immer noch die offizielle Phrase über die Wirklichkeit hinweg.) Die Umstände seines Denkens sind aus einem andern Baukasten genommen, aber die Regeln, wonach sie sich zwangsläufig ordnen, sind noch ganze Strecken in Kraft."[108]

Eine interessante, wenn auch widersprüchlich aufgenommene Inszenierung des *Woyzeck* war die Karge/Langhoffs 1980 in Bochum. Es wurde eine auf Sexualität gegründete Inszenierung versucht, weshalb der Titel in *Marie. Woyzeck* geändert wurde. Rolf Michaelis beschrieb die Inszenierung:

Antiklassische Inszenierung	„Offene Form, Szenenreihung nicht in zeitlichem oder kausal begründeten Nacheinander, dramaturgische Un-Ordnung sind ihnen [den Künstlern, R. B.] Beweis für eine neue, bewusst antiklassische, alternative Form des Dramas. Sowenig Büchners Anti-Theater der Gegen-Kultur, wie die Bochumer es verstehen, einen moralisch oder dramaturgisch gerechtfertigten Schluss kennt (das Leben geht ‚einfach' weiter, auch nach Mord und Totschlag), sowenig gibt es einen genau terminierten Anfang.

---

[108] Volker Braun: *Büchners Briefe*. In: Volker Braun: Texte in zeitlicher Folge. Bd. 5. Halle – Leipzig: Mitteldeutscher Verlag, 1990, S. 294.

In Bochum endet das Spiel mit dem einsilbig vieldeutigen ‚So', das der klatschnass aus dem Teich watende Woyzeck (Manfred Karge) nach einer langen Pause spricht, in der er das Wasser aus den Schuhen gekippt, aus dem Anzug gewrungen, aus den Haaren geschüttelt hat. Kein Gedanke an Selbstmord, an Schuld. Also auch kein drohender Prozess."[109]

2001 inszenierte Johann Kresnik Georg Büchners *Woyzeck* in Hannover und drückte Büchners Drama „den Hals zu":

„Bei Büchner ist das Menschlein in seiner Not und Notwendigkeit noch nicht endgültig verhandelt. Die Gleichungen, in die Büchner das Paradox, das Freiheitstier stellt, gehen nicht restlos auf. Bei Kresnik ist das Urteil über den Menschen wie ein Groschen längst zu Boden gescheppert (...) Kresnik fährt Büchners tastenden Rekurs auf die sogenannten Umstände, die den Menschen durchkneten, mit Karacho an die Wand. Die Gesellschaft soll der Totalschaden sein, für den der Einzelne zahlen muss."[110]

Büchner an die Wand gefahren

Bedenkt man Büchners sozialen und politischen Anspruch, muten Inszenierungen wie die am Münchner Residenztheater 2007 seltsam an und lassen einen Abstand zum Anspruch des Dichters erkennen:

---

[109] Rolf Michaelis: *Ein- und Ausfälle eines Ensembles*. Karge/Langhoff inszenierten Büchner in Bochum. In: DIE ZEIT vom 21. November 1980.
[110] Eberhard Rathgeb: *Ich kann mir meine Bombe selber basteln. Kein Wort davon bei Büchner: Wie Johann Kresnik in Hannover den Woyzeck in die Luft sprengt.* In: FAZ vom 21. Mai 2001, Nr. 117, S. 50.

"Kušej nahm sich also den Woyzeck zur Brust und fand ihn modern. Wie denn auch sonst? Bekanntlich ist es ein Fragment, aufgetürmt aus scharfen und wuchtigen Trümmern, so verdichtet und gedrängt, wie es in Woyzecks Brust aussieht. Kušej sah's nicht als ‚fertiges Fragment', sondern als Ruinennest und klebte, mal hier, mal da, ergänzende Stücke aus anderen Texten dran, drum und dazwischen, auch etliches aus *Leonce und Lena* und aus Büchners Briefen, vor allem aber jenes Zeug von heute, worin es von ‚Konserven', ‚Nylon', ‚Plastik' faselt.

Splitternackt über Müllberge gejagt

Irgendwo dazwischen versucht Büchners Original-Woyzeck den Überblick zu halten, unter Larven die einzig fühlende Brust: ein trauernder Philosoph auf dem Schindanger, bedrängt von einem fischkalten Doktor, für den er sich splitternackt über Müllsäcke jagen lässt, und von einem verblödeten Hauptmann (Rainer Bock), den er auspeitschen muss, ohne dass sich darob in dessen Unterhose was rührte – er zeigt es achselzuckend vor –, und betrogen von seiner Marie (Juliane Köhler im natürlich blutroten Hängerkleidchen), die sich von einer glatzköpfigen Machotype rektal in den Müllberg rammeln lässt."[111]

Immer noch ist der banale Kriminalfall von 1821 durch Georg Büchners Dichtung ein seismografischer Vorgang für gesellschaftliche Zustände auch der Gegenwart. Das wird auch dann deutlich, wenn ein spektakulärer Zuschnitt diese Zustände zu verdrängen sucht.

---

111 Michel Skasa: *In den Müllberg gerammelt*. In: DIE ZEIT vom 28. Juni 2007, Nr. 27, S. 48

6. PRÜFUNGSAUFGABEN MIT MUSTERLÖSUNGEN

Unter www.koenigserlaeuterungen.de/download finden Sie im Internet zwei weitere Aufgaben mit Musterlösungen.

Die Zahl der Sternchen bezeichnet das Anforderungsniveau der jeweiligen Aufgabe.

Aufgabe 1 *

> Im Text spielen Märchen und Lieder eine Rolle. Bestimmen Sie ihre Herkunft, und beschreiben Sie die Funktion im Text. Stellen Sie, wenn möglich, die Unterschiede zu den tatsächlichen Liedern und Märchen heraus.

Mögliche Lösung in knapper Fassung:

Georg Büchner war ein Zeitgenosse mehrerer literarischer Epochen. Klassik und Romantik waren seinerzeit aktuell. Politisch stand Büchner dem Jungen Deutschland am nächsten, ohne ihm zugehören zu wollen. An der Romantik reizte ihn die Orientierung auf die Volksdichtung; in seinem Freundeskreis befanden sich Sammler von Volksdichtung. Er selbst begriff sich als zeitgenössisch und nahm Elemente der Romantik in den *Woyzeck* auf: Volkslieder und Märchen. Wenig Verständnis hatte Büchner nach seinen Erfahrungen mit dem *Hessischen Landboten* für die Idealität der Klassik, insbesondere für Schiller. Dafür hatte er eine Neigung zum romantischen Interesse für Volksdichtung und Liedersammlungen, die auch seinen Freundeskreis beschäftigten. Zwar sind die literarischen Beziehungen Büchners im *Woyzeck* gegenüber der Bedeutung der dokumentarischen Quellen eher bescheiden,

HINFÜHRUNG

Einordnung Büchners in die literarischen Epochen seiner Zeit

Hessische und elsässische Volkslieder	aber keineswegs bedeutungslos. Als Erbe der Romantik bekamen Lieder hessischer und elsässischer Herkunft und Märchen im *Woyzeck* eine leitmotivische Funktion. Büchners soziales Gespür fand weitere Beispiele, die zu seinen Figuren passten, wie das anzügliche Lied *Das Wirtshaus an der Lahn*. Er hat es geschätzt und hatte Freude an derb-komischen Zeugnissen wie Karikaturen.
ANALYSE	Bereits in der Szene 1 singt Andres ein Volkslied, das in seiner nicht aufgenommenen zweiten Strophe eine heitere Vorahnung vom Tode gibt (Der Jäger erschießt die Hasen!), in Szene 11 singen Handwerksburschen, die bevorzugt für die Verbreitung der Volkslieder verantwortlich waren, ein ähnliches Volkslied. Büchner kannte Volkslieder aus der Sammlung *Des Knaben Wunderhorn* (1805–08). In Szene 2 verwendet Marie eine „Wanderstrophe", die sich als Strophe in mehreren Volksliedern findet, und ein Lied aus der Gegend von Gießen („Hansel spann ..."). In beiden Fällen sind die Lieder der Versuch, über Ängste und Unruhe hinwegzukommen. Auf dem Jahrmarkt singt ein alter Mann Verse „Auf der Welt ist kein Bestand", die möglicherweise einem alten Leierkastenlied oder einem nicht näher bekannten Volkslied entstammen, jedenfalls sehr volkstümlich, einprägsam und bekannt klingen. Maries Lied „Mädel mach's Ladel zu" ist Ausdruck ihrer Sehnsucht nach Partnerschaft und Geborgenheit, nach einem starken Mann – Zigeuner (15, 11) – und sinnlicher Liebe. Andres' Gesang teilt dage-
Anspielungen auf Märchen	gen anderes mit; er singt von Frau Wirtin (27, 5 ff.) – das bedeutet Sex – und ihren Anzüglichkeiten. Der Leser spürt, wie unterschiedlich Marie und der Tambourmajor, ein Soldat wie Andres, über die Liebe denken. Woyzeck zitiert dagegen ein Kirchenlied (33), in dem sich sein „Leiden" bestätigt. Die schon bekannte Frau-Wirtin-Strophe singt Woyzeck erst dann, als er Marie getötet hat und ins Milieu der Dirnen eintritt (37, 20 ff.).

Auf Märchen wird mehrfach angespielt. Einen Höhepunkt bildet die Szene 18, in der die Großmutter ein Märchen erzählt; typisch ist die Eröffnungsformel „Es war einmal..." (35, 7). Doch erweist sich das Märchen als ein Anti-Märchen. Märchenelemente aus verschiedenen Märchen der Grimms und Lieder wurden umfunktioniert. Diese Elemente stammen aus den Märchen *Die Sterntaler* und *Die drei Raben* (Die sieben Raben). Aus den glücklichen Lösungen der Märchen wurden unglückliche und schaurige Möglichkeiten: Das arme und elternlose Kind (*Die Sterntaler*) hat am Ende kein neues Hemd, das sich mit Talern füllt, sondern „gerrt [weint laut, R. B.] und da sitzt es noch und ist ganz allein" (35, 22). Es ist ein Märchen der Hoffnungslosigkeit, die der realen Hoffnungslosigkeit Maries und Woyzecks entspricht. Das bekannte Märchen wurde so zum Anti-Märchen und entsprach der sozialen Realität. Die Erzählung der Großmutter vernichtet jegliche Hoffnung; die dem Märchen meist innewohnende glückliche Wendung gibt es nicht, vielmehr wird die Trostlosigkeit bestätigt und verdichtet: „(...) da sitzt es noch und ist ganz allein" (35, 32).

Es gehörte zu Büchners gestalterischen Methoden, dass er literarische Formen einbezog, die traditionell Hoffnungen vermitteln und Illusionen schaffen (Märchen, Volkslied), um mit ihnen Hoffnungslosigkeit und Trostlosigkeit darzustellen. Dazu gehören auch Zauber und Magie der Schaubude, die der Ort von Liedern und Moritaten wie *Frau Wirtin an der Lahn* ist.

Die Schaubude wird zum Gegentheater, zum Belustigungsort des einfachen Volkes, wo dessen niedrigste Bedürfnisse befriedigt werden: Nicht zufällig treffen Marie und der Tambourmajor dort aufeinander, wo nicht Liebe, sondern Sex gehandelt wird.

FAZIT

| 1 SCHNELLÜBERSICHT | 2 GEORG BÜCHNER: LEBEN UND WERK | 3 TEXTANALYSE UND -INTERPRETATION |

Aufgabe 2 **

> Eine besondere Rolle in Büchners *Woyzeck* spielen Symbole (Sinnbild für einen rational schwer erfassbaren Vorgang) und Metaphern (bildhafte Übertragung oder Zusammensicht). Gehen Sie Symbolen des Todes im Text nach, und beschreiben Sie ihre Funktion in der Handlung.

ANALYSE

Mögliche Lösung in knapper Fassung:
Manche Szenen bestehen nur aus wenigen Zeilen. Gerade in ihnen wird deutlich, dass der Text ein wesentliches Strukturelement enthält: Symbole und Metaphern. Eine solche Szene ist die Szene 12, „Freies Feld", in der Woyzeck erstmals deutlich von seiner Tötungsabsicht spricht. Er nimmt dazu die gleichen Worte auf, die Marie beim Tanz mit dem Tambourmajor gesagt hat: „immer zu! Immer zu!" (30, 4 und 28, 30). Doch der Inhalt verändert sich: Marie ließ ihrer sinnlichen Lust freien Lauf, Woyzeck seinen wahnhaften Vorstellungen, denn er folgt einmal mehr den Stimmen.

Woyzecks Stimmen als Symbol

Diese Stimmen werden zum Symbol, das vielfach befrachtet ist: Es steht für Überirdisches, Wahnhaftes, Spuk, Triebhaftes, Unterbewusstes und Geisterhaftes. Indem sich das Symbol mit dem Befehl zum Töten verbindet, steht es für die Fremdbestimmung Woyzecks. Sie ist indessen ein langfristiger Prozess, der sich zwar in der Tötungsabsicht verdichtet, aber von Beginn an auf das Begriffspaar Tod-Leben hinsteuert. Drei Symbol- und Metaphern-

Dominierende Symbol- und Metapherngruppen

gruppen dominieren: Symbole und Metaphern des Todes; Symbole und Metaphern des bedrohten Lebens und Symbole und Metaphern des Übergangs vom Tier zum Menschen.

Bereits in der ersten Szene bilden „rollt Abends der Kopf" (9, 6). Hobelspäne (9, 8), „hohl" (9, 19), tot (10, 3) eine dichte Informationskette, die auf Tod, Hinrichtungsstätte, Grab, Jüngstes Gericht u. a. zielt. Die dabei eingesetzten Begriffe überziehen den gesamten Text wie mit einem Geflecht und lassen die unheimliche Szenerie entstehen. Hinzu kommen unterstützende geheimnisvolle Symbole wie leuchtende Schwämme, das „Es", die schwarze Katze mit feurigen Augen usw. Die mit dem Jüngsten Gericht verbundene Symbolik erweitert die Todesahnung zur religiösen Utopie der Auferstehung („Getös herunter wie Posaunen", 9, 27). Der Todessymbolik steht als Kontrast eine Lebenssymbolik gegenüber, die sich insbesondere mit der Sinnlichkeit Maries und ihrem tödlichen Ende verbindet: Sie wird gebildet von rot, roter Mund, Feuer, der rote Mond, rotes Blut, die rote Schnur, das rote Kreuz, blutig Eisen. Das Symbol vom „blutig Eisen" verknüpft sich durch „Messer" zu einem Wortfeld, zu dem „erstechen" gehört: Der Hauptmann fühlt sich mit Woyzecks Augen erstochen, die inneren Befehle „stich" usw.

FAZIT

Die Symbole und Metaphern halten von Szene zu Szene die Erinnerung an den Hauptvorgang des Stücks – Woyzecks Umgang mit seiner doppelten Natur – wach und führen von Station zu Station, sie kommen bis zum Mord immer näher zueinander und fügen sich in einer großen Metapher des Mordes zusammen: In der 15. Szene (*Woyzeck. Der Jude*) kauft Woyzeck das Messer, wird auf den Tod hingewiesen und als „der Hund" (32, 15) bezeichnet. Bis zu Woyzecks Gang ins Wasser bleiben diese Symbole an Woyzeck gebunden und lassen den Tod Maries, aber auch Woyzecks Ende zwanghaft unaufhaltsam erscheinen.

| 1 SCHNELLÜBERSICHT | 2 GEORG BÜCHNER: LEBEN UND WERK | 3 TEXTANALYSE UND -INTERPRETATION |

Aufgabe 3 ***

> Franz Woyzeck steht auf der untersten sozialen Stufe der Gesellschaft. Beschreiben Sie diese Stellung, und gehen Sie der drohenden Animalisierung Woyzecks nach. Interpretieren Sie die Figur.

Mögliche Lösung in knapper Fassung:

ANALYSE

Den Titel bekam Georg Büchners dramatisches Fragment *Woyzeck* durch die Hauptgestalt; sie gehörte zu einem berühmten Kriminalfall. Der Fall löste aufwendige gerichtspsychiatrische Auseinandersetzungen aus, die Büchner kannte. Aber die Bedeutung des Stücks liegt nicht in dem Kriminalfall, sondern in der sich daraus ergebenden sozialen Fragestellung: Wodurch ist Woyzeck schuldig geworden? Der Mord an Marie lässt sich durch ihre Untreue erklären, aber da Woyzeck sofort wieder Kontakt findet – Käthe –, kann das nicht allein der Grund sein. Marie bedeutet auf Grund der sozialen Stellung für Woyzeck die einzige Bindung. Andres, der als Freund in Frage käme, scheidet durch seine strenge Einbindung in das militärische Reglement und die dadurch bedingte ähnliche soziale Stellung wie Woyzeck aus. Woyzecks Armut verschließt ihm den Zugang zu gesellschaftlichen Ereignissen. Dadurch sieht sich Woyzeck in seiner Handlungsfreiheit sowohl in der militärischen Hierarchie als auch in der familiären Ordnung eingeschränkt und an die unterste Stelle der gesellschaftlichen Hierarchie gedrängt, noch unter die weithin rechtlosen Frauen gedrückt, die mindestens ihre Leidenschaften ausleben können. Woyzeck ist am wenigsten geschützt, denn auch Marie kann ihre Lebensführung frei bestimmen, was sie auch tut, ist sie doch von keiner gesetzlichen Bindung eingeschränkt. Woyzeck wird über seine soziale Stellung hi-

Soziale Fragestellung des Stücks

Analyse von Woyzecks sozialer Stellung

naus durch medizinische Versuche beeinträchtigt, denen er sich unterzieht, um Geld zu verdienen, die ihn aber ruinieren:

Die Einsamkeit bedingt Woyzecks zunehmende Animalisierung bzw. Entmenschlichung. Sie wird als beobachtungswerter Vorgang mit zahlreichen Formulierungen und Begriffen im Text signalisiert: viehische Vernunft, wildes Tier (20, 2), der Affe als Soldat, das pissende Pferd, „Viehsionomik" (14, 13), „ein thierischer Mensch" (14, 14 f.) gepisst wie ein Hund (21, 9) usw. Bereits zu Beginn zeigt Woyzeck deutliche Spuren geistiger Verwirrung und sieht Wahngesichte. Es ist die Folge der einseitigen Ernährung und der Belastungen, die er auf sich nimmt, um seine kleine Familie zu unterstützen. Hinzu kommt schreckhafter Verfolgungswahn („vergeistert", 11, 30), den Angstsymbole begleiten („eine große schwarze Katze", 13, 25). Wenn Woyzeck geistig und sprachlich gefordert wird, ist er zu ansprechenden Leistungen fähig, vor allem, wenn es dabei um sein Selbstwertgefühl geht (17 ff.). Meist aber reduziert er sich sprachlich; das geschieht zuerst durch den Einsatz militärischer Formeln („Ja wohl", 23, 5 und 10), dann durch die Reduktion auf Einzelworte („Unmöglich. Mensch! Mensch! unmöglich." 25, 32) schließlich durch die Unfähigkeit, ein Gespräch zu führen (27). Es folgt das Ausbleiben der Sprache; Woyzeck kann nur noch pfeifen oder zittern (31). Erst durch den Mord gewinnt Woyzeck sein sprachliches Vermögen zurück, um sich dann völlig zu verabschieden. Der sprachlich zu verfolgende Vorgang zeigt die zunehmende Bindungslosigkeit Woyzecks, die ihn schließlich auch die Grenze zum Mord überschreiten lässt. Der Mord wird für Woyzeck die einzige Tat in freiwilliger Entscheidung.

Woyzecks Animalisierung

Die politische Bedeutung der Figurenanlage bei Woyzeck ergab sich daraus, dass der jugendliche Verfasser ein konsequenter Revolutionär war. Durch diese Fragestellung und Büchners politisch-soziales Anliegen ist das Stück nach wie vor brennend aktuell:

Politische Bedeutung

Meldungen, im Milieu Obdachloser und ähnlich Gestrandeter habe sich ein Mord an einer Frau ereignet, finden sich öfters in den Tageszeitungen. Georg Büchner, der als 23-jähriger Privatdozent im Exil starb, war seiner Zeit voraus, schuf eine neue Dramenform, geprägt durch die Autonomie der Szene, und hatte die Lösung sozialer Widersprüche im Sinn, die heute noch ungelöst sind. Als Ursache dieser Widersprüche erkannte er die ungerechten Verteilungsprinzipien der bürgerlichen (kapitalistischen) Gesellschaft, für ihn im Widerspruch von Arm und Reich, Hütten und Palästen gegenwärtig. Ein Kernpunkt für Büchner materialistische Weltsicht war: „Das Verhältnis von Armen und Reichen ist das einzige revolutionäre Element in der Welt."[112]

FAZIT

Diese Widersprüche treiben Woyzeck zu seinem Mord. Vorausgegangen ist eine vollständige Vereinsamung dieses Menschen, der wegen seiner fehlenden finanziellen Mittel keine Bindungen aufbauen und eingehen konnte. So lebte er auch mit Marie und beider Kind in einer Art „wilder Ehe"; das wurde ihm von seinem Vorgesetzten, dem Hauptmann, zum Vorwurf gemacht. Büchner gestaltete im *Woyzeck* die Deformation eines Menschen zum animalischen Wesen, wenn ihm Besitz, soziale Anerkennung und lebensnotwendiges Geld fehlen: Als letzten Widerstand gegen seine Rückbildung zum Tier begeht er einen Mord. Der Tambourmajor hatte ihn aus dem einzigen noch vorhandenem Umfeld, in dem er Mensch sein konnte, der Beziehung zu Marie und dem Kinde, verdrängt. Die Ursachen dafür sah Büchner im „gesetzlichen Zustand", im „Gesetz, das die große Masse der Staatsbürger zum fronenden Vieh macht, um die natürlichen Bedürfnisse einer unbedeutenden und verdorbenen Minderzahl zu befriedigen".[113] Mit

---

[112] Brief an Karl Gutzkow, wahrscheinlich 1835. In: Bergemann, S. 418.
[113] Brief Georg Büchners vom 5. April 1933 an die Familie. In: Bergemann, S. 389.

aller Entschiedenheit wollte er dagegen kämpfen und Veränderungen erwirken. Sein Werk gewann erst seit 1878 an der Seite des entstehenden deutschen Naturalismus an Bedeutung, um seither stetig berühmter zu werden. Heute ist Georg Büchner der bedeutendste deutsche Schriftsteller am Beginn der Moderne.

Aufgabe 4 ***

> Georg Büchners Fatalismusbegriff hat für das Weltbild des Dichters eine zentrale Bedeutung. Beschreiben Sie, was Büchner unter Fatalismus versteht und wie sich diese Sicht auf die Gestalt Woyzecks auswirkt.

Mögliche Lösung in knapper Fassung:

Unter Fatalismus, vom Begriff „Fatum"= Schicksal, Verhängnis, versteht man Schicksalsglaube und Schicksalsgläubigkeit. Im Sinne einer Weltanschauung unterliegt alles Geschehen in der Natur, in der Gesellschaft und in den menschlichen Beziehungen einer unerkennbaren Schicksalsmacht oder einer höheren Notwendigkeit, die der Mensch weder erkennen noch beeinflussen kann

In einem Brief, der in der Büchner-Literatur als „Fatalismusbrief" bezeichnet wird, schreibt Georg Büchner aus Gießen an seine Verlobte Minna wahrscheinlich im Januar 1834 nach Straßburg. In Gießen hatte Büchner zur gleichen Zeit Kontakt zu oppositionellen Kräften und begann gerade mit der Erarbeitung des *Hessischen Landboten*. Im Umkreis hatte Büchner Studien zur Französischen Revolution von 1789, auf die er im Fatalismusbrief eingeht, getrieben und Erfahrungen mit der Julirevolution von 1830 gemacht. Das Ergebnis des *Hessischen Landboten* konnte ihn nicht befriedigen; er

HINFÜHRUNG

Büchners Fatalismusbegriff

hatte nicht die von Büchner erwartete Bewegung ausgelöst. Letztlich war er mit seinen revolutionären Vorstellungen gescheitert. Die beiden Texte (*Landbote* und *Danton*), die gattungstheoretisch unterschiedlicher nicht sein können – ein journalistisches Kampfblatt und ein Drama –, gehören zueinander wie ein revolutionäres Programm und das Protokoll seines Scheiterns. Begleitet werden beide von besagtem Brief. Fordert Büchner in dem berühmten und oft zitierten Motto des *Landboten* „Friede den Hütten! Krieg den Palästen!", so wählt er im Drama den Untergang der Revolutionäre, die sich selbst vernichteten, weil sie die soziale Frage nicht lösen konnten. Dieser Hintergrund muss mitgedacht werden, will man Büchners Begriff „Fatalismus" verstehen: Es geht Büchner, wie die künstlerischen Zeugnisse der gleichen Zeit beweisen, keineswegs um ein Hinnehmen einer gegebenen, scheinbar unveränderlichen Notwendigkeit, sondern um entschiedene Bemühungen um menschliche Verhältnisse trotz der vorhandenen scheinbar unveränderlichen Kräfte.

„Ehernes Gesetz"

In dem persönlich gehaltenen Brief gibt Büchner einen Überblick über seine Arbeit. Man muss die Gesamtheit des Briefes würdigen, nicht nur den Satz über den Fatalismus, denn der Brief wird zum wichtigen Verständigungsmittel und stellt die Frage nach den Möglichkeiten und Grenzen politischer Arbeit, die bis zur sozialen Revolution führt, nach dem Verhältnis des Individuums zum geschichtlichen Prozess und den Grenzen der Erkenntnismöglichkeit. Büchner ist überzeugt, dass das menschliche Schicksal einem „ehernen Gesetz" unterliegt. Dieses Gesetz liege außerhalb des Menschen. Vom Menschen nicht zu beherrschen, schließt es aber die menschliche Tätigkeit nicht aus, die sich auf die Gestaltung der Verhältnisse richten müsse. Es ist das objektive Muss, auferlegt vom ehernen Gesetz, aber auch das subjektive Muss, das den Menschen zur Handlung und Tätigkeit führt. Kein Sieg für den einzelnen Revolutionär, nur in den Händen „aller" ist die Gewalt einsetzbar und bewirkt Veränderungen, die wiederum objektive Geschichtsprozesse bestätigen. Büchner als mechanischer Materialist, Revolutionen scheitern an der menschlichen Natur. Konzept des Materialisten Büchner, bei dem kein Raum für höhere Mächte ist, die eine menschliche Entwicklung garantieren. Entwicklung ist nur möglich durch das Aufbegehren sozialer Gruppen gegen den erdrückenden Fatalismus.

Büchner als mechanischer Materialist

Der Fatalismus bekommt bei Büchner eine reale Begründung, es war der gesetzliche Zustand, das Gesetz, das die Masse der Staatsbürger zum „Vieh" macht. Im *Woyzeck* sind solche Vorgänge zu verfolgen, wie Woyzeck durch den Doktor „entmenschlicht" und zum „Hund" gemacht wird. Der „grässliche Fatalismus der Geschichte", den Büchner in seinem Brief beschreibt, wirkt sich auch im *Woyzeck* als Deformation eines Menschen zum animalischen Wesen aus, wenn ihm Besitz, soziale Anerkennung und lebensnotwendiges Geld fehlen. Damit hatte der Fatalismus sowohl seine Bestätigung als auch seine Grenze bekommen. Der letzte Widerstand gegen seine Rückbildung zum Tier ist für Woyzeck ein Mord. Zuvor ist Woyzeck aber von den verschiedenen ihm vorgesetzten Personen scheinbar auf diesen Fatalismus zurückgeworfen worden. Tatsächlich sind aber Hauptmann, Doktor und Tambourmajor die sozial genau beschreibaren Kräfte, die Woyzecks Schicksal bestimmen. Der Fatalismus schafft einen Konflikt zwischen Willensfreiheit und tierisch-triebhafter Natur, wobei die Willensfreiheit sich auf niedrigste Verrichtungen bezieht und selbst in Frage stellt, denn zur Willensfreiheit gehört die Freiheit des Geistes. Der Doktor vertritt einen idealistischen Grundsatz: „(...) der Mensch ist frei" (21, 17 f.), vernachlässigt aber die sozialen Bedingungen, denn Woyzeck ist das treffende Gegenbeispiel: Beherrscht von der Not, wird er zum Objekt, wodurch er Geld verdient. Das

INTERPRETATION

Bezug zum Woyzeck

Repräsentanten der Macht

führt zum Verlust der freien Entscheidungen. Soziale Sicherung geht parallel mit psychischen Störungen (Woyzeck hört Stimmen): Beides bedingt einander. Den Zusammenhang von Animalisierung und Verlust der Willensfreiheit gesichert zu haben ist eine fundamentale Erkenntnis Büchners und Erklärung der sozialen Grundlegung des Fatalismus. Doktor und Hauptmann sind die Repräsentanten der Macht in einer unmenschlichen Gesellschaft, selbst aber geistig beschränkt.

FAZIT

Woyzeck sieht die Menschen durch Triebe bestimmt, die einen fatalistischen Ursprung haben. Der gepeinigte Mensch wird in Tierhaftigkeit gedrängt und verhält sich wie ein Tier („wie ein Hund"). Die mitleidlose Gesellschaft, sozial deformiert, menschlich verarmt ist der Hintergrund des bedrohenden Fatalismus, der umso bestimmender wird, je ärmer der Mensch ist. Die Animalisierung gibt Woyzeck ein Stück Willensfreiheit zurück, denn er antwortet auf den Fatalismus, dem er unterworfen ist, mit Mord.

Büchner schrieb aus einer persönlich schwierigen Situation, einer Krisensituation, fern der Braut und ohne Bindungen, die er in Straßburg hatte. Schrieb sich seine Probleme vom Herzen. Drang dabei zu wesentlichen Erkenntnissen einer vom Menschen unabhängigen Bewegung der Geschichte vor, der sich der Mensch aber durch Tätigkeit und Willen widersetzen oder bedienen kann. Mit aller Entschiedenheit wollte Büchner gegen die Fremdbestimmung ankämpfen und Veränderungen erwirken. Er schuf dabei eine neue Kunst, die heute als Beginn der Moderne gilt und mit der Kunst der Romantik kaum etwas, mit der des Vormärz, in die er zeitlich gehört, manches zu tun hat.

LITERATUR

Zitierte Ausgabe:
Büchner, Georg: *Woyzeck*. Studienausgabe. Nach der Edition von Thomas Michael Mayer hrsg. von Burghard Dedner. Stuttgart: Reclam, 1999 (Universal-Bibliothek Nr. 18007).

Gesamtausgaben:
Büchner, Georg: *Werke und Briefe*. Gesamtausgabe. Hrsg. von Fritz Bergemann. Leipzig: Insel-Verlag (zuerst 1922); Frankfurt a. M., 12. Aufl. 1974 usw. → In den Fußnoten zitiert als ‚Bergemann'.

Büchner, Georg: *Werke und Briefe. Münchner Ausgabe*. Hrsg. von Karl Pörnbacher, Gerhard Schaub, Hans-Joachim Simm und Edda Ziegler. München: dtv, 3. Aufl. 1992 → *Woyzeck*, S. 233–255.

Einzelausgaben des *Woyzeck:*
Büchner, Georg: *Woyzeck*. Faksimileausgabe der Handschriften. Bearbeitet von Gerhard Schmid. Hrsg. von Karl-Heinz Hahn. Leipzig: Edition Leipzig (Manu scripta), 1981 → Faksimile, Transkription, Kommentar, Lesartenverzeichnis. Diese Ausgabe ist nicht für den Hausgebrauch geeignet, aber ein hervorragendes Anschauungsmaterial.

Mayer, Hans: *Georg Büchner, Woyzeck. Dichtung und Wahrheit*. Frankfurt a. M., Berlin: Ullstein, 1963 → Büchners Text, die Gutachten über den historischen Woyzeck und Rezensionen der ersten Aufführungen vereinigen sich in dieser Dokumentation.

Lernhilfen und Kommentare für Schüler:
Bernhardt, Rüdiger: *Erläuterungen zu Georg Büchner. Dantons Tod.* Hollfeld: C. Bange Verlag, 4. Aufl. 2008 (Königs Erläuterungen und Materialien, Band 235).
Bernhardt, Rüdiger: *Erläuterungen zu Georg Büchner. Leonce und Lena.* Hollfeld: C. Bange Verlag, 4. Aufl. 2010 (Königs Erläuterungen und Materialien, Band 236).
Bernhardt, Rüdiger: *Erläuterungen zu Georg Büchner. Lenz.* Hollfeld: C. Bange Verlag, 2. Aufl. 2007 (Königs Erläuterungen und Materialien, Band 448).
Bernhardt, Rüdiger: *Erläuterungen zu Georg Büchner. Der Hessische Landbote.* Hollfeld: C. Bange Verlag, 2. Aufl. 2007 (Königs Erläuterungen und Materialien, Band 449).
Bornscheuer, Lothar: *Georg Büchner. Woyzeck.* Erläuterungen und Dokumente. Stuttgart: Reclam, 1972 (zuletzt 1995) (Universal-Bibliothek Nr. 8117).
Dedner, Burghard unter Mitarbeit von Gerald Funk und Christian Schmidt: *Georg Büchner. Woyzeck.* Erläuterungen und Dokumente. Stuttgart: Reclam, 2000 (Universal-Bibliothek Nr. 16013).
Glück, Alfons: *Woyzeck. Ein Mensch als Objekt.* In: Interpretationen. Georg Büchner. Stuttgart: Reclam, 2001 (Universal-Bibliothek Nr. 8415), S. 177–218.
Große, Wilhelm: *Georg Büchner. Der Hessische Landbote/Woyzeck.* Oldenbourg Interpretationen Band 6. München: Oldenbourg Verlag GmbH, 2., überarb. u. korr. Aufl. 1997.
Knapp, Gerhard P.: *Georg Büchner.* Stuttgart: Metzler, 2. Aufl. 1984 (Sammlung Metzler 159).
Schede, Hans-Georg: *Lektüreschlüssel Georg Büchner. Woyzeck.* Stuttgart: Reclam, 2010, und als pdf-Dokument.

Sekundärliteratur:
Arnold, Heinz Ludwig (Hrsg.): *Georg Büchner I-III*. München: edition text + kritik, 1979–1981.
Beese, Marianne: *Georg Büchner*. Leipzig: Bibliografisches Institut, 1983.
Büchner, Georg: *1813–1837, Revolutionär, Dichter, Wissenschaftler* (Katalog der Ausstellung Mathildenhöhe, Darmstadt, 2. August–27. September 1987). Basel, Frankfurt a. M.: Stroemfeld/Roter Stern, 1987.
Georg Büchner Jahrbuch. Für die Georg Büchner Gesellschaft und die Forschungsstelle Georg Büchner – Literatur und Geschichte des Vormärz – im Institut für Neuere deutsche Literatur der Philipps-Universität Marburg hrsg. von Thomas Michael Mayer, Burghard Dedner u. a., Frankfurt a. M.: Europäische Verlagsanstalt, Tübingen: Max Niemeyer Verlag u. a. 1981–2008, Band 1 (1981)–11 (2005–08), 1981–2008.
Dedner, Burghard; Glück, Alfons; Mayer, Thomas Michael (Hrsg.): *Büchner-Studien*. Veröffentlichungen der Forschungsstelle Georg Büchner. Frankfurt a. M.: Athenäum, 1985 ff., Band 1 ff. (Band 2: Jan-Christoph Hauschild: *Georg Büchner. Studien und neue Quellen zu Leben, Werk und Wirkung*).
Dietze, Walter: *Junges Deutschland und deutsche Klassik*. Zur Ästhetik und Literaturtheorie des Vormärz. Neue Beiträge zur Literaturwissenschaft, Bd. 6. Berlin: Rütten & Loening, 2. Aufl. 1958.
Fischer, Heinz: *Georg Büchner. Untersuchungen und Marginalien*. Bonn: Verlag Bouvier, 2. Aufl. 1975.
Goltschnigg, Dietmar (Hrsg.): *Georg Büchner und die Moderne*. Texte, Analysen, Kommentar. 3 Bände. Berlin, Bielefeld, München: Erich Schmidt Verlag, 2001–02 (Band I: 1875–1945, Band II: 1945–1980, Band III: 1980–2000).

Graczyk, Annette: *Sprengkraft Sexualität. Zum Konflikt der Geschlechter in Georg Büchners ‚Woyzeck'*. In: Georg Büchner Jahrbuch 11 (2005–08). Tübingen: Max Niemeyer Verlag, 2008, S. 101–121.

Hauschild, Jan-Christoph: *Georg Büchner. Biographie*. Stuttgart, Weimar: Verlag J. B. Metzler, 1993 → Hervorragende und materialreiche, genau recherchierende und wertende Darstellung zu Leben und Werk.

Hauschild, Jan-Christoph: *Georg Büchner. Biographie*. Berlin: Ullstein, 1997 (Taschenbuch Nr. 26505). → Die vorige Biografie als überarbeitete Ausgabe.

Hauschild, Jan-Christoph: *Georg Büchner. Mit Selbstzeugnissen und Bilddokumenten dargestellt*. rowohlts monographien Nr. 503, Reinbek b. Hamburg: Rowohlt Taschenbuchverlag, 3. Aufl. 1997 → Kurz gefasste Darstellung der umfangreichen Büchner-Biografie des Verfassers, genau und informativ unter Einbeziehung wichtiger Sekundärliteratur.

Itterheim, Roland: *Mordakte Woyzeck – Arzturteil und Dichtermut*. In: Ärzteblatt Thüringen 17. Jahrgang, Jena: September 2006, Nr. 9, S. 436–438.

Landau, Paul: *Wozzeck*. In: Georg Büchners Gesammelte Schriften. Hrsg. von Paul Landau, Bd. 1, S. 148–158. Berlin: Paul Cassirer, 1909. Auch in: Wolfgang Martens (s. d.) → Trotz des Alters eine gute Analyse mit zahlreichen Fakten und erläuterten Zusammenhängen.

Langhoff, Matthias: *Die Sehnsucht nach einem Theater des Asozialen*. In: Theater heute, Jg. 22/1981, Heft 1, S. 24–37.

Loch, Rudolf: *Georg Büchner. Das Leben eines Frühvollendeten*. Berlin: Neues Leben, 1988.

Lukács, Georg: *Der faschistisch verfälschte und der wirkliche Georg Büchner.* In: Georg Lukács: Deutsche Realisten des 19. Jahrhunderts. Berlin: Aufbau-Verlag, 1952, S. 66–88.

Martens, Wolfgang (Hrsg.): *Georg Büchner.* Darmstadt: Wissenschaftliche Buchgesellschaft, 1965 (Wege der Forschung Bd. III) → Sammlung wichtiger Aufsätze zu Georg Büchner, darunter von Paul Landau, Hans Mayer, Georg Lukács und Franz H. Mautner.

Mayer, Hans: *Georg Büchner und seine Zeit.* Berlin: Aufbau-Verlag, 1960; Frankfurt a. M.: auch erschienen bei: Suhrkamp, 1972 (suhrkamp taschenbuch 58), 4. Aufl. 1980 → Neue und erweiterte Ausgabe des 1946 in Wiesbaden erstmals erschienenen grundlegenden Werkes zu Georg Büchner.

Mayer, Thomas Michael: *Büchner und Weidig – Frühkommunismus und revolutionäre Demokratie.* In: Arnold I/II, S. 16–298.

Mayer, Thomas Michael (Hrsg.): *Insel-Almanach auf das Jahr 1987. Georg Büchner.* Frankfurt a. M.: Insel-Verlag, 1987.

Meier, Albert: *Georg Büchner. Woyzeck.* München: UTB-Fink, 1980 (Texte und Geschichte. Modellanalysen zur deutschen Literatur 1).

Poschmann, Henri: *Georg Büchner. Dichtung der Revolution und Revolution der Dichtung.* Berlin und Weimar: Aufbau-Verlag, 1983, 3. Aufl. 1988.

Rühle, Günther: *Theater in Deutschland 1887–1945. Seine Ereignisse – seine Menschen.* Frankfurt a. M.: S. Fischer Verlag, 2007.

Seidel, Jürgen: *Georg Büchner.* München: dtv, 1998 (portrait Nr. 31001).

Viehweg, Wolfram: *Der ‚Woyzeck' am völkischen Herzen. Dokumente zu einer Interpretationslinie des ‚Woyzeck' in der Theaterpublizistik.* In: Georg Büchner Jahrbuch Nr. 11 (2005–2008), S. 123–162.

Werner, Hans-Georg (Hrsg.): *Studien zu Georg Büchner.* Berlin und Weimar: Aufbau-Verlag, 1988 → Der Band versammelt u. a. wichtige Aufsätze von Inge Diersen, Henri Poschmann und Gerhard Schmid zu „Woyzeck".

Werner, Hans-Georg: *Dichtungssprache als Analyseobjekt. Büchners Woyzeck.* In: Hans-Georg Werner: Text und Dichtung – Analyse und Interpretation. Berlin und Weimar: Aufbau-Verlag, 1984, S. 236–270.

Verfilmungen (Auswahl):
Wozzek. Deutschland DEFA 1947.
Regie und Drehbuch: Georg C. Klaren.
Woyzeck. BRD (Verfilmung für das Fernsehen/ARD/SWF) 1962.
Regie und Drehbuch: Bohumil Herlischka.
Woyzek. BRD (Verfilmung für das Fernsehen) 1964.
Regie: Marcel Bluwal.
Woyzeck. DDR (Verfilmung für das Fernsehen) 1965.
Regie: Lothar Bellag.
Woyzeck. BRD (Verfilmung für das Fernsehen/ZDF/HR) 1966.
Regie und Drehbuch: Rudolf Noelte.
Woyzek. BRD (Verfilmung für das Fernsehen) 1971.
Regie: Joachim Hess.
Woyzeck. BRD 1978.
Regie und Drehbuch: Werner Herzog.
Wodzeck. BRD 1983/84.
Regie und Drehbuch: Oliver Herbrich.

STICHWORTVERZEICHNIS

Alltagssprache 9, 78 f.
Anschauungen 20
Arbeiterklasse
  s. Proletariat, proletarisch
  6, 17
aristotelisches Element 48
aristotelisches Drama 49 f.
Aufklärung 16, 72 f., 85, 88
„Bote aus der Fremde" 46,
  50 f., 61
Code civil 17, 87
Determination
  s. soziale Determination
  10, 84 f., 88
dialektal hessisch 82
Einheit der Zeit 46, 51
Ellipse 82
„Ende der Kunstperiode"
  (Heine) 16, 46
erregendes Moment 48, 49
Exposition 48, 49
fallende Handlung 48, 49
Fatalismus 10, 84, 85, 91–93,
  109, 121–124
Fatalismusbrief 13, 92, 121 f.
Französische Revolution 6, 13,
  16 f., 22 f., 72, 87, 91, 121
frühnaturalistisch 95

frühsozialistisch 20, 89
Gestus 99 f.
hessischer Dialekt 36
Höhepunkt 48, 49
industrielle Revolution 6,
  16 f., 17, 20 f.
Ironie, ironisch 40
Ironisierung 73
Jargon 79, 82
Julirevolution 16, 18 f., 24,
  121
Junges Deutschland 6, 18
jungdeutsche 18 f.
Karikatur 9, 54, 62, 114
Katastrophe 32, 48 f.
klassische Akt- und Dramen-
  gliederung 48
klassisches Drama, klassische
  Dramenstruktur 48
klassisch geprägte Abfolge 49
klassische (aristotelische)
  Dramenform 48
kritischer Realist 9
Lieder 9, 26, 31 f., 64, 78 f.,
  81
Märchen 31 f., 78 f., 81
Materialismus 11
Materialist 123

Mensch, der, das oder ein 9, 29, 37 f., 46, 53 f., 55, 60 f., 63, 71 f., 73, 75, 78, 79, 81–88, 91–93, 97, 106, 108, 111 f., 116, 119–125
Menschennatur 92, 93
Menschenrechte 13, 22, 60, 107
Menschenversuch 57, 63, 87
Metapher 36, 46, 52 f., 68, 78, 80 f., 116 f.
Moderne 96, 121, 124
Natur 9, 31, 38 f., 40 f., 49, 53, 63, 84–89, 91, 98, 117, 121, 123
Naturalismus, naturalistisch, Naturalisten 9–11, 50, 79, 90, 94–98, 108, 121
nichtsprachliche Bestandteile 9, 79, 80
nichtsprachliche Zeichen 50
offene Dramenform 7, 47, 48, 110
Oxymoron 83
Physiognomik 36, 71
Plebejer 8, 54, 57, 85, 87
Predigt 41, 75, 78, 81
Prolepse 81, 82
Proletariat, proletarisch, Proletarier 8, 21, 54, 57, 85, 87

Proletarierdrama s. Arbeiterklasse 98
Radikale Demokraten 21
Radikaldemokrat, radikaldemokratisch 20, 89
Regieanmerkungen 46 f., 50, 51
retardierendes Moment 48, 49
Revolution von 1848 16, 24
Saint-Simonisten 12
Seele 28 f.
Shakespeare 11, 31, 51, 99, 101
Sinnlichkeit, sinnlich 8, 26, 39, 54, 59, 60, 114, 116, 117
Soldat 54
soziale Determination s. Determination 25, 85, 88
sozialen Problemen 6
soziale Widersprüche, -Probleme, -Gegensätze 6, 19, 120
Stationen 46, 49
Stationenstück, -drama 7, 46–50, 61
Steigerung 48, 49
Sturm und Drang 22, 30, 31, 48, 67, 85, 88

Symbol 36 f., 46, 52 f., 68, 116 f.
Tautologie 83
Toleranz 20, 88, 89
Todessymbolik 40
Trieb, triebbestimmt 8, 54, 60, 61, 73, 85 f., 88, 89, 124
triebhafter Natur 123
Triebhaftes 116
Tugend 38, 63, 72, 85 f., 88
Unabhängigkeitskampf in Amerika 16
Utopie 23, 117
Vernunft 37, 53, 65, 119
vierter Stand 19
Völkerschlacht 6, 16 f., 23, 87
Volkslied 79, 80
Wiener Kongress 6, 16 f., 23
windschiefer Dialog 9, 78, 81
Zeugmata 83

EIGENE NOTIZEN

KÖNIGS ERLÄUTERUNGEN
SPEZIAL

Lyrik verstehen leicht gemacht

→ wichtige Prüfungsthemen in allen Bundesländern
→ ideal zur Vorbereitung

Umfassender Überblick über die Lyrik einer Epoche (mit Interpretationen)

Lyrik des Barock
Best.-Nr. 3022-8

Lyrik der Klassik
Best.-Nr. 3023-5

Lyrik der Romantik
Best.-Nr. 3024-2

Lyrik des Realismus
Best.-Nr. 3025-9

Lyrik der Jahrhundertwende
Best.-Nr. 3029-7

Lyrik des Expressionismus
Best.-Nr. 3026-6

Lyrik der Nachkriegszeit
Best.-Nr. 3027-3

Lyrik der Gegenwart
Best.-Nr. 3028-0

Bedeutende Lyriker: Einführung in das Gesamtwerk und Interpretation der wichtigsten Gedichte

Benn
Das lyrische Schaffen
Best.-Nr. 3055-6

Brecht
Das lyrische Schaffen
Best.-Nr. 3052-5

Goethe
Das lyrische Schaffen
Best.-Nr. 3053-2

Heine
Das lyrische Schaffen
Best.-Nr. 3054-9

Kästner
Das lyrische Schaffen
Best.-Nr. 3057-0

Rilke
Das lyrische Schaffen
Best.-Nr. 3056-3

Trakl
Das lyrische Schaffen
Best.-Nr. 3061-7

Die beste Vorbereitung auf Abitur, Matura, Klausur und Referat